Vorwort

Diese Aufzeichnungen sind eine Aufzählung der Erfahrungen mit Patienten und auch Besuchern während meiner Tätigkeit als Nachtpförtner in einem Krankenhaus im Münsterland. Erfahrungen, die ich in zwanzigjähriger Tätigkeit sammeln durfte, die mich teilweise betroffen machten, die mich aber auch zum Teil belustigten. Zwischendurch wurde ich von beteiligten Ärzten gebeten, meine Erlebnisse doch aufs Papier zu bringen, damit keine meiner erlebten Geschichten verloren geht. Vielleicht können andere Leute sich auch beim Lesen belustigen, oder auch daraus lernen. Es ist ja nie zu spät, an seinen Fähigkeiten zu arbeiten, also die kleinen Hausmittel von Oma bei einem grippalen Infekt anzuwenden. Es würde die ohnehin stark beanspruchten Notaufnahmen ein wenig entlasten. Also bin ich irgendwann angefangen, mir ausführliche Notizen zu machen. Da ich keine Namen nennen wollte, sind manche Darsteller in diesen Aufzeichnungen nur mit ihren Initialen versehen. Ich möchte ja niemanden öffentlich kompromittieren.

Meine Nachtschicht fing abends um 20.00 Uhr an und endete morgens um 6.00 Uhr, also genug Zeit, etwaige Simulanten von richtig kranken Menschen zu trennen. Während meiner Tätigkeit konnte ich feststellen, dass viele meiner Doktorkollegen sich in ihren Nachtdiensten missbraucht fühlen durften, als billigen Hausarztersatz. Aus diesem Grund wurde meinen ärztlichen Kollegen manchmal wertvolle Arbeitszeit genommen, die sie für die Behandlung richtig Kranker gebraucht hätten. Das wurde mir mit den Jahren immer mehr bewusst, sodass ich in meinen nicht so stressigen Nächten manche Peinlichkeit niederschrieb. Einige Banalitäten drängten sich mir förmlich auf, sie wollten unbedingt beschrieben werden. Manche Geschichten sind recht kurz, kann vorkommen, dass ich nur über ein Telefonat geschrieben habe. Es sind aber auch ausführliche Erlebnisse erzählt, die mehr als zwei Seiten füllen. Jede Nacht war anders, als die vorherige. Ich konnte also keine Kapitel abgrenzen, sondern nur einzelne Geschichten aneinanderreihen. Ich habe in diesen Nächten sehr gerne gearbeitet, konnte viele nette Kunden kennen lernen, hatte aber auch manch unschöne Begegnungen. Diese waren aber ziemlich dünn gesät, so blieben meine Erlebnisse meistens positiv. Ich konnte immer behaupten, in meinem Krankenhaus eine familiäre, wohltuende Arbeitsatmosphäre zu haben. Da fuhr ich immer wieder gerne hin. Mir hat diese Tätigkeit einen solchen Spaß gemacht, weil ich nebenbei auch meinen medizinischen Horizont erweitern konnte.

Darum habe ich diesen Arbeitsplatz auch bis zum zwanzigjährigen Dienstjubiläum ausgekostet, obwohl ich wegen meiner Schwerbehinderung evtl. schon früher hätte in Rente gehen können.

01 Der Anfang

Gibt es ein Vitamin „B", welches mir zu diesem Job im Krankenhaus verholfen hat? Nein, es war eine emsige Suche im „SIS" (Stelleninformationsservice) des heimischen Arbeitsamts. Nach 18 Monate andauernder Arbeitslosigkeit fand ich endlich dieses Jobangebot im Computer und hatte das Angebot, als Pförtner im Nachtdienst, eigentlich für meinen ebenfalls arbeitslosen Schwager gedacht. Andauernden Nachtdienst konnte ich mir gar nicht vorstellen. Darum rief ich damals direkt den Personalchef des Hauses an, um mich zu vergewissern. Vielleicht war es ja auch nur eine fehlerhafte Eingabe des Arbeitsamtspersonals. Herr B. von der Personalabteilung beantwortete meine Fragen ganz selbstverständlich, erklärte mir die Dienstzeiten und machte mir den Arbeitsplatz so schmackhaft, dass ich mich selber interessierte. Denn nach 7 Nächten Arbeit anschließend 7 Tage frei zu haben, fand ich schon ganz gut. Herr B. war froh, jemanden mit einer kaufmännischen Vorbildung am Telefon zu haben, und machte mir spontan das Angebot, sich zu einem persönlichen Gespräch zu treffen.

Er wollte jetzt zuerst eine Woche Urlaub nehmen, gab mir so lange Bedenkzeit, und wollte anschließend einen Rückruf, um meine Entscheidung zu hören. Meine Frau und ich haben dann das Gespräch mit den Kindern gesucht. Schließlich müssen die Kinder ja mitmachen, wenn Papa nach der Nachtschicht tagsüber schlafen muss. „Aber natürlich können wir still sein, wenn wir aus der Schule nach Hause kommen, überhaupt kein Problem" - Mein 15 jähriger Sohn und seine sechs Jahre jüngere Schwester waren begeistert über eine finanzielle Verbesserung. Nach der besagten Woche rief ich also Herrn B. an, bedankte mich für das Gesprächsangebot, und vereinbarte einen kurzfristigen Termin.

Zum Termin fuhr ich mit Zittern im Gemüt zur Verwaltung des Krankenhauses, und wurde zu Herrn B. geführt. Wir sprachen miteinander noch einmal das Arbeitsgebiet durch. Anschließend bin ich zur Pforte gegangen, um mich mit der Teamleitung zu unterhalten. Wir hatten eine sehr nette Unterhaltung, über meine bisherigen Tätigkeiten, meine Fähigkeiten, mit anderen Leuten umzugehen, aber auch über meine Computerkenntnisse. Ob ich mit den diversen Monitoren klar komme? Wie klappt es denn bei mir mit dem Telefonieren? Kann ich lange wach bleiben, ohne zu ermüden? Fragen über Fragen. Ich wurde bei diesem Gespräch auch noch von einer anderen Dame examiniert, die einem Oberlehrer alle Ehre gemacht hätte. Wie ich hinterher feststellen durfte, war sie eine ziemlich dominante Kollegin aus einer anderen Abteilung. Ich mochte sie nie so richtig leiden, und ich glaube, sie wusste es.

Nach der Überprüfung meiner Person durch diese beiden Damen ging ich zurück zum Personalchef, der mittlerweile den Betriebsratsvorsitzenden und den stellvertretenden Verwaltungschef informiert hatte. Diese Beiden begutachteten mich dann auch, und der Betriebsratsvorsitzende gab schon mal sein OK, vorbehaltlich der Zusage des gesamten Betriebsrates. Nach insgesamt 2,5 Stunden Vorstellungsmarathon ging ich zu meinem Auto, und saß erstmal 10 Minuten regungslos hinterm Steuer mit Wasser in den Augen.

18 Monate Arbeitslosigkeit vorbei. Ein Job bei einer Einrichtung im öffentlichen Dienst, und das mit Mitte 40. Hätte ich damals schon ein Handy gehabt, ich hätte sofort zu Hause angerufen. Ich bin nach halbstündiger Autofahrt zu Hause angekommen und konnte nur noch mit Kloß im Hals von mir geben, dass ich wieder einen Arbeitsplatz habe. Ich hatte einfach „Sechs Richtige" Als ich diesen Job bekam, wusste ich nicht, was da alles auf mich zukommt. Mein Kollege der anderen Nachtwoche hat mich 2 Wochen eingearbeitet. Ich habe also unter seiner Aufsicht meine Arbeit getan. Es hat gut getan, im Hintergrund jemanden zu haben, der mir auf die Finger guckt und mich auf etwaige Fehler aufmerksam macht. Wir waren schon in der ersten Nacht per Du. Wir verstanden uns sehr gut.

Nach dieser Einarbeitungszeit musste ich dann allein durch die Nächte kommen. Es war auch alles nicht so schlimm. Nur, wenn die diensthabenden Ärzte bzw. die Ambulanzpflegekräfte in ihrem Bereitschaftsdienst schlafen konnten, war ich allein. Ich durfte dann allein entscheiden, welchen Arzt von welcher Fachrichtung ich wecken durfte. Irgendwie war ich dann immer dankbar für klar erkennbare Symptome. So einen Arm- oder Beinbruch kann natürlich nur ein Chirurg behandeln. Ein Herzschmerz war auch gut für den Internisten weiterzuleiten.

Wenn aber von weitem Autoscheinwerfer in rasender Fahrt auf den Eingangsbereich zukamen, rutschte mir das Herz schon ein bisschen tiefer. Wer weiß, was da hereinkommt. Meistens war es dann ein aufgeregter, werdender Vater mit seiner schwer atmenden Mutter werdenden Ehefrau, die unbedingt zum Kreißsaal mussten. Dann war ich froh wegen der eindeutigen Diagnose. Das waren dann so meine Ängste in den ersten Wochen im Nachtdienst, die ich alleine ableisten musste.

Als ich irgendwann den ersten undefinierbaren Bauchschmerz ganz selbstständig mitten in der Nacht beim Chirurgen als Blinddarmentzündung angemeldet hatte, war ich doch stolz, als der Arzt mir dann morgens zum Schichtende die Diagnose bestätigte. Jahre später habe ich mit diesem Arzt bei einem Kaffee Brüderschaft getrunken. Wir arbeiteten bis zu meiner Rente zusammen. Meine Kolleginnen schafften es dann tatsächlich, mir bei unserer gemeinsamen dritten Weihnachtsfeier, das „Du" anzubieten. Lange genug hat es ja gedauert. Andere Kollegen aus anderen Bereichen waren da etwas schneller.

Nachdem ich ca. 3 Jahre im Krankenhaus gearbeitet habe, bekam ich irgendwann nachts den Anruf einer Patientin aus der Unfallchirurgie. Sie wollte sich beschweren über die rücksichtslose Nachtschwester. Diese macht bei ihrem nächtlichen Kontrollgang die Türen viel zu laut auf und zu. Außerdem ist die Spülung für die Bettpfannen und „Pinkelflaschen" viel zu laut. „das macht die doch extra, nur um mich zu ärgern" sagte sie. Sie verlangte, dass ich diese Beschwerde sofort aufnehme und weiterleite. Ich versuchte also ernst zu bleiben und habe ihr geraten, dem Ober- oder Chefarzt das doch bei der morgendlichen Visite zu erzählen. Da wäre sie bestimmt an der richtigen Adresse. Es gibt aber auch Leute. Als ich an einem der nächsten Abende einen Pfleger dieser Station nach dieser Patientin fragte, wusste er sofort, wen ich meinte. „Diese Frau ist nicht krank, die nörgelt den ganzen Tag nur herum und kommandiert uns. „Sie - WILL – ein neues Kniegelenk, aber sie braucht keins. Und sie will es nicht glauben, man könnte sagen, sie ist operationsgeil." Jemand anderes hat mir dann noch erzählt, dass die Dame in ihrem heimischen Krankenhaus Hausverbot hat. Ich durfte dann feststellen, dass wir im gleichen Ort wohnen. Schrecklich!

Abende später sitzt eine Frau stundenlang in der Halle und beobachtet mich ohne Unterbrechung. Man könnte auch sagen, sie fixiert mich. Als ich mit dem obigen Pfleger darüber spreche, meinte er, dass es wohl diese Patientin sei, und sagte mir auch den Namen. Ich wusste jetzt also, dass Frau K. R., die in meinem Wohnort wohnt, einen an der Waffel hat. Als ich meine Mutter fragte, ob sie diese Frau kennt, kam ein „Die spinnt ja total, in jedem Laden hat sie eine große Klappe, und legt sich mit allen Leuten an." Wir haben sie dann auch mal an der Kasse im Supermarkt gesehen, wie sie der Kassiererin gegenüber ausgerastet ist. Sie hat geschimpft und palavert, dass es für die anderen Kunden sogar schon peinlich wurde. Irgendwie kam ihr wahrscheinlich mein Gesicht bekannt vor, hatte ich so im Gefühl, Ich habe diesen erkennenden Blick aber rigoros ignoriert. Das hätte noch gefehlt.

Es ist über die Jahre mit ihr nicht besser geworden. Sie geht mit ihrem mittlerweile operierten Knie am Rollator, rempelt Leute, parkende Autos oder Fahrräder an, Mit ihrem Benehmen ist sie ein Hooligan, Als Patientin hatten wir sie anschließend nie wieder. Wie schön!

Seit 18 Jahren arbeite ich in diesem Krankenhaus an der Pforte. Ich telefoniere sehr viel und gebe diese Gespräche auch weiter an die Ärzte, Krankenschwestern, aber auch die Anrufe von Angehörigen an Patienten. Außerdem nehme ich auch Besucher bzw. Patienten in Empfang, um sie weiterzuleiten. Viele Besucher möchten natürlich ihre Angehörigen sehen, die bei uns stationär behandelt werden. Andere sehen sich als krank an, und wollen aus verschiedenen Gründen zur Notaufnahme, um sich behandeln zu lassen. Dieses alles und noch viel mehr gehört zu meinem Job. Vor 18 Jahren hatte dieser Arbeitsplatz noch den Namen „Pforte". Meine Berufsbezeichnung war also „Pförtner". Nun heißen wir seit einiger Zeit „Empfang" Hört sich irgendwie eleganter an. Ich bin also nun ein „Empfangender" oder „Empfänger". OK.

Das Interessante an meinem Arbeitsplatz sind ja nun wirklich die verschiedensten Patienten, die zur ambulanten Behandlung ins Haus kommen. Um sie zu den richtigen Abteilungen zu schicken, muss ich die Patienten natürlich fragen, warum sie uns aufsuchen. Schmerzen welcher Art, an welchem Körperteil, Herzjagen, Bauchschmerzen im Ober- oder Unterbauch, muss ich schon erfragen. Am wenigstens auskunftsfreudig sind die gynäkologischen oder urologischen Patienten. Da kann man mit Glück die Frage nach der Pille danach hören, begleitet von einem unsicheren Grinsen. Es gibt natürlich auch Mitmenschen, die mir ungebildetem Typen keinerlei

Auskunft geben wollen. Dann heißt es: „Da möchte ich nur mit einem Arzt drüber sprechen." „OK, aber den muss ich Ihnen dann auch aus der richtigen Fachrichtung rufen, Also, wo tut es weh?" Ich hätte nie gedacht, dass dieser Job so dermaßen abwechslungsreich und umfangreich ist. Ich arbeite zwar nur nachts und über 10 Stunden pro Schicht, 7 Nächte am Stück, aber dann auch 7 Tage frei. Gut, es ist zwischendurch auch mal langweilig, wenn uns kein Patient aufsucht. Das gibt mir aber die Möglichkeit, mich evtl. mit einem ebenfalls gelangweilten Arzt oder einer nicht gestressten Ambulanzschwester zu unterhalten. Obwohl, das kommt eher selten vor. Wenn ich auch zwischendurch immer mal irgendwelche Anekdoten erzähle, wird mir immer öfter geraten, ich sollte mal ein Buch über meine Erlebnisse schreiben. Ich werde jetzt anfangen, bevor ich Rentner werde. Ich habe noch ca. 2 Jahre Zeit, um Erfahrungen nieder zu schreiben. Der Anfang ist getan, mal schauen, wie es weiter geht.

Samstagnacht bzw. Sonntagmorgen ruft eine Frau um 0.15 Uhr bei mir an und fragt nach dem ärztlichen Notdienst in unserem Haus. Ich erzähle ihr, dass der Notdienst seine Sprechstunde um 22.00 Uhr beendet hat und sie nun mit der Ambulanz vorliebnehmen muss. Sie hatte eine Frage wegen der Pille danach, und muss deshalb unbedingt mit dem Dienst habenden Arzt verbunden werden. Da ich ja weiß, dass unsere Ärzte keine telefonischen Behandlungen vornehmen, sondern ihren Patienten bei der Behandlung lieber in die Augen sehen, habe ich sie gebeten, einen kleinen Moment am Telefon zu warten. Als ich meine Ärztin anfunken wollte, um mich zu vergewissern, dass es diese 72 Stunden Frist bei der Pille danach immer noch gibt, legt die Patientin einfach auf. Um 1.20 Uhr kommt ein Paar auf mich zu. Die Frau lächelt mich verlegen an, und fragt mich nach dem Gynäkologen. „Haben wir beide eben telefoniert", frage ich sie. „Ja, stimmt." „OK" ich erkläre ihnen den Weg zur Ambulanz. Es ist heute allerdings viel los und kann einen Moment dauern." Ich informiere die Ambulanzschwester, von der ich ein resignierendes „Ach ja" höre. Schließlich hat sie heute einiges zu tun, u. a. mit richtig kranken Leuten. Um 2.30 Uhr verlässt dieses Pärchen, sicherlich total erleichtert, das Krankenhaus. Hätte sie nur 2 Minuten am Telefon gewartet, hätte ich sie im Auftrage der Ärztin informieren dürfen, dass Frau nach dem Verkehr 72 Stunden Zeit hat, um die Pille danach zu nehmen. Es hätte alles so einfach und wenig arbeitsaufwändig sein können. 2 Minuten Geduld auf dem heimischen Sofa, statt 2 Stunden hin und her mit Wartezeit.

An einem Mittwochabend, um kurz vor Mitternacht, ruft mich eine Oma an. „Ich habe gerade bei meinem vierjährigen Enkelchen gesehen, dass da eine Zecke am Kopf ist. Ist das gefährlich? Kann ich da mal mit einem Arzt drüber sprechen?" Ich sage ihr, dass dieses nicht geht, weil der Arzt doch das Kind sehen muss, um die Zecke zu erkennen. „Also kommen sie mit dem Kleinen zu uns herein, ich besorge Ihnen dann einen Chirurgen, der sich den Jungen anschaut."

„Kann man da nicht bis morgen warten?" - „Das weiß ich nicht, denn wir wissen ja beide nicht, seit wann das Kind diese Zecke hat. Kommen sie doch zu uns, und lassen Sie das Kind untersuchen." Da sie weder von mir, noch von dem Arzt die Absolution bekam, bis morgen zu warten, legte sie mit einem „Ja, wenn das so ist" den Hörer auf. Ich erwartete Oma und Enkelchen dann in der nächsten halben Stunde. Vergeblich. Da hat die Oma sich also im eigenen Interesse entschieden, dass es wohl nicht so schlimm ist, bis morgen früh zu warten. Und ich Dussel habe bereits die Schwester und den Chirurgen informiert. Wie gut, dass der Arzt sowieso noch wach war.

03 Schwiegersöhne und Oktoberfest

Seit Jahren bekomme ich in unregelmäßigen Abständen immer wieder Anrufe einer Frau, die als Tochter eines unserer pflegebedürftigen Patienten den Kontakt sucht. Sie ist die Jugendfreundin eines unserer Nachtpfleger, und ruft ihn vorzugsweise während seiner Nachtdienste an, um sich Pflegetipps geben zu lassen. So wurden mir diese Anrufe von meinem Kollegen zumindest begründet. Durch diese immer wiederkehrenden Anrufe konnte ich mir mittlerweile die Rufnummer der Dame merken. Sie wiederum meinte unbedingt, mir Geschichten aus ihrem Leben erzählen zu müssen. Als ich merkte, dass mein Zuhören sie zu weitern Ergüssen ermutigte, täuschte ich sehr viel Arbeit vor, um aus diesen Gesprächen wieder heraus zu kommen.

Dann kam ein Karfreitag mit einem Anruf dieser Frau. Sie wollte ihrem Pflegetippgeber etwas Gutes antun, eben wegen dieser ganzen Pflegetipps. Sie backt gerade Struwen und möchte ihm gleich unbedingt welche hereinbringen. Ob ich auch welche möchte? Eigentlich wollte ich wirklich nicht, ließ mich dann allerdings zu 1 oder 2 Stück überreden. Aus diesen 2 Stück wurde dann ein ganzer Teller voll, nur für mich alleine. Gott sei Dank kam sie nicht persönlich, sondern schickte ihren halbwüchsigen Sohn herein. Nachdem ich die mir zustehenden 2 Stücke probiert habe, gab ich den reichlichen Rest dann weiter zur Intensiv-Station. Man soll ja nichts umkommen lassen. Die Kollegen freuten sich über eine Abwechslung im Speiseplan, und ich war froh, das gute Zeug los zu sein. Wochen später kam eine Nachfrage der Dame, ob bei mir Bedarf an Schinkenschnittchen bestünde? Nun sagte ich mit Hinweis auf mein zu erwartendes Übergewicht ab, und überließ dem Pfleger mit den Pflegetipps den ganzen Teller mit dem selbst gebackenen Schinkenbrot. Eigentlich bekam ich die Dame selten zu Gesicht, und wenn ich sie sah, konnte ich feststellen, dass sie sehr ungewohnte, farbige Akzente setzte. Hüte, Mützen, Jacken oder Röcke, meistens großblumig, die sonst anscheinend niemand wollte, wurden von ihr getragen.

Nachdem ich diese Bekanntschaft schon einige Jahre ertragen durfte, war der pflegebedürftige Vater mal wieder als Patient auf einer Station. Der Stationsarzt hatte mit mir gemeinsam Nachtdienst und erzählte mir von seinen Erlebnissen mit dieser Angehörigen. Sie war über das normale Maß hinaus sehr kommunikativ, also sehr lästig, welches sich darin äußerte dass sie die Nähe dieses jungen Arztes suchte, u. a. mit Körperkontakt. Ein Anfassen am Arm, bzw. an der Schulter wurde von ihm als sehr aufdringlich empfunden. Eine Einladung zum Abendessen konnte er erfolgreich abwehren, erzählte er mir. Er wollte während seines Nachtdienstes keinen weiteren Kontakt mit ihr und bat mich, evtl. herein kommende Gespräche bitte nicht zu ihm durchzustellen. Ich hatte natürlich wegen meiner reichhaltigen Erfahrung mit dieser Tante vollstes Verständnis für seinen Wunsch, denn abweisend zu einer Angehörigen eines Patienten zu sein, konnte er sich nicht erlauben. Als dann die erwarteten Anrufe kamen, musste ich leider mitteilen, dass Herr Doktor Patienten in der Notaufnahme hat. Sie wollte mir allerdings ihr Anliegen nicht mitteilen und rief noch dreimal an. Beim letzten Mal ließ ich Dr. C. im Schockraum einem schwerkranken Menschen helfen und ich bekam endlich ihr Anliegen zu hören. Es war schlichtweg eine Belanglosigkeit, ein Vorwand, den ich mir notierte, um ihn an den Arzt weiter zu geben.

Nun ist Dr. C. schon längere Zeit nicht mehr in unserem Krankenhaus tätig, der pflegebedürftige Vater ist mittlerweile auch verstorben. Die Anrufe kommen weiterhin, trotz fehlender Pflegetippbedürftigkeit. Ich kenne die Telefonnummer immer noch auswendig, lasse mir aber nichts anmerken. Ich melde mich, wie bei jedem anderen Anrufer, habe immer noch viel zu tun und verbinde sehr schnell mit dem Kollegen, der jetzt vielleicht andere Tipps auf Lager hat. Besser er, als ich. Und Schinkenbrot ist auch nicht mehr im Angebot. Aber Brezeln sind auch lecker. Die gibt es schon im September, statt im Oktober beim dazugehörigen Fest. Seit wann ist Oktober im September?

Seit außerhalb Bayerns überall, aber auch überall, Oktoberfeste gefeiert werden. Warum dann nicht auch in unseren Breitengraden? Junge Menschen, die ihren Sommerurlaub auf keinen Fall in Bayern verbringen wollen, sondern mindestens auf Malle, oder sonst wo in der Sonne, verkleiden sich zu besagtem Zwecke, und ziehen Dirndl oder Lederhose an. Die bayrischen Getränke tragen ihren Teil dazu bei, dass manch ein Opfer dieser Feierei bei uns auftaucht. Um 3.00 Uhr in der Früh bringt ein RTW einen jungen Mann, oben kariert, unten Leder, in die Notaufnahme. Gebrochen war anscheinend nichts, denn er wurde nicht auf der Trage herein gerollt, sondern konnte alleine gehen. Ein bisschen unsicher war er schon, wie ich auf dem Überwachungsmonitor beobachten konnte. Kurze Zeit später fragte die Ambulanz bei mir an, ob ich die Tel.-Nr. der Patientenmutti heraussuchen könnte. Klappte nicht, weil die Eltern kürzlich umgezogen sind, die neue .Tel.-Nr. noch nicht im Internet auftaucht, sondern nur die alten Aufzeichnungen. Außerdem hat der Knabe sein Handy verloren, und die dort gespeicherten Telefonnummern nicht im Kopf gespeichert. Nicht mal Muttis Rufnummer ist hängen geblieben.

Nach einigem Hin und Her überlegt er sich doch, jemand anderen zu kontaktieren. Ich suche die Nummer heraus und verbinde mit der Ambulanz. Der Doktor bringt dann den jungen Patienten in Richtung Ausgang und ich kann sehen, dass der Knabe sich kameradschaftlich dem Dr. an die Schulter hängt. Nun erscheint er bei mir und erzählt mir diesen gerade erlebten Schwank aus seinem heutigen Leben. Ich kann sehen, dass er nur kleine Schürfwunden im Gesicht hat und ich glaube ihm, dass er einfach nur ein bisschen gestürzt ist, wahrscheinlich auch nur über einen kleinen Stein. Er ist ein netter, wirklich auch nur leicht beschwipster junger Mann von 22 Jahren, der einfach nur Pech hatte. „Wo ist der nächste

Zigarettenautomat? Ach egal, Rauchen ist ja eh ungesund. Haben Sie einen Snack-Automaten?" Dann kam die Ankündigung, dass er gleich abgeholt wird. Er windet sich wie ein Regenwurm, weil ihm das „Alles" so peinlich ist.

Weil er die neue Tel.-Nr. seiner Eltern nicht auswendig weiß, musste auf den Vater seiner Freundin zurückgreifen. „Stellen Sie sich mal vor, ich musste meinen zukünftigen Schwiegervater anrufen, wie peinlich ist das denn? Was soll der von mir denken? Der will doch im Leben nichts mehr mit mir zu tun haben. Wie soll ich das meiner Freundin klarmachen? Gleich kommt mein zukünftiger Schwiegervater, mir ist ganz schlecht." Er lief vor mir vor und zurück, man merkte ihm wohl an, dass ihm wohl eine Zigarette fehlte. Ach egal, noch mal zum Automaten. „Hoffentlich kommt der überhaupt. Hoffentlich hat er den Anruf auch ernst genommen? Warum dauert das so lange? Der Anruf ist doch schon eine Stunde her." „Nein", konnte ich ihn beruhigen, der Anruf ist gerade eine halbe Stunde her. Lassen Sie ihm doch wenigstens ein bisschen Zeit, sich vernünftig anzuziehen. Der sitzt doch nicht angezogen auf der Bettkante, und wartet auf diesen Anruf." „Ja, aber der wird mich doch im Leben nicht mehr ernst nehmen, nach dieser Geschichte."

Ich versuchte dann, ihn endgültig zu beruhigen, und meine zu ihm: „Weißt Du was, mach doch Deinem Schwiegervater einfach mal das erste Enkelkind, dann verzeiht er Dir auch diese Geschichte, und in 20 Jahren lacht ihr beide über diesen Abend." Mein kumpeliges Duzen hat er schon gar nicht mehr wahrgenommen. Als dann ein Scheinwerfer auf dem Parkplatz zu sehen war, kam dann anschließend der lang ersehnte zukünftige Opa herein, nahm seinen zukünftigen Schwiegersohn in den Arm, und beide gingen einträchtig, (und erleichtert) heraus. Der junge Mann hat es bei dem ganzen Stress sogar noch geschafft, sich freundlich dankend zu verabschieden. Es war halt ein sympathischer Möchtegernbayer, was man nicht von jedem behaupten kann.

Neulich konnte ich in einer der regionalen Zeitungen lesen, dass ein Heizungs- und Sanitärmonteur die Erlebnisse mit seiner Kundschaft in einem Buch zusammengefasst hat. Dieser Artikel hat mich natürlich motiviert, meine abwechslungsreiche Tätigkeit ebenfalls weiter zu dokumentieren. Denn interessant ist meine Arbeitsnacht auf jeden Fall. Ich kann natürlich nicht mit dem Notarzt konkurrieren, der vor einiger Zeit in einer großen deutschen Tageszeitung seine chaotischsten Einsätze in einem Buch vorgestellt hat. Er erzählte von einem jungen Mann, zu dem er gerufen wurde, weil ihm der Vibrator seiner Freundin im Hintern feststeckte. Kann man natürlich glauben, muss man aber nicht. Ich hatte zwar noch keinen Kunden vor mir stehen, der sich zu solchen Spielchen hat hinreißen lassen, kann aber noch passieren. Allerdings gab es da schon andere Kuriositäten, z. B. hatte meine andere Nachthälfte schon mal einen Patienten mit einer leeren Colaflasche im Po zur Ambulanz schicken dürfen. Die Flasche, die bereits hinterm

Schließmuskel war, wurde dem Herrn unter Narkose wieder herausgeholt, wie ich hinterher erfahren durfte. Er beglückte eine Station ein paar Tage mit seiner Anwesenheit. Dann musste er aber leider auf das Pfand für seine Flasche verzichten.

Desweiteren hat sich auch schon mal eine Dose Deo-Spray in diese Öffnung verirrt. Und es passiert auch schon mal, dass sich ein Mann aus Versehen auf einen Bleistift setzt. Da steht so ein Bleistift einfach auf einem Sessel herum und schwupp, schon sitzt man drauf und wundert sich, dass so was passieren konnte. Auseinander gebogene Büroklammern in einer Harnröhre waren auch vereinzelt zu Besuch in der Ambulanz. Man kann sich einfach nur wundern, was manche Leute an Ideen entwickeln, um anschließend ordentlich leiden zu dürfen. Wie gut, dass es da die Ärzte und das Pflegepersonal in der Ambulanz gibt, die sich möglichst um diese Leiden kümmern können. Ich brauchte meine Gesichtszüge „Gott sei Dank" für solche Vorfälle noch nicht im Zaum halten. Dafür gibt es aber genug „Krankheiten", die bei mir für Verwunderung sorgen. Es gibt da auch ruhige Abende. Sonntags kann das schon mal passieren. Die Leute gehen früh zu Bett und bereiten sich damit auf die nächste Arbeitswoche vor. Montags möchte man frisch und ausgeruht am Arbeitsplatz ankommen. Nach dem Tatort ab ins Bett, die kommende Woche wird hart. Aber da gibt es den einen oder anderen Menschen, bei dem es nicht so richtig klappt.

Kurz vor Mitternacht fährt eine Taxe vor. Nach einiger Zeit steigt jemand aus und begibt sich gaaaanz laaaaangsaaam in meine Richtung. Der Mann hat Joggingklamotten an und trägt eine Stofftasche in der Hand. Man könnte auch meinen, er wäre zum Zigaretten holen mal eben zum Kiosk. Als er dann endlich vor mir steht, erzählt er mir den Grund seines Kommens. Er wollte wohl zur Ambulanz. „Warum das denn, was fehlt Ihnen denn? " fragte ich sehr interessiert. „Ja, wissen Sie, ich bin da eben auf dem Weg zur Couch ein bisschen gefallen und mit einer Zehe hängen geblieben. Ich glaube, ich habe mir jetzt den zweiten Zehennagel abgerissen. Und bevor ich morgen zu irgendeinem Arzt gehe, bin ich doch lieber hierhin gekommen. Wenn mir schon jemand den Nagel abreißt, dann lieber hier." Ich bin natürlich stolz, dass seine Wahl auf unser Haus gefallen ist und melde ihn sofort bei der Ambulanz an. Die Schwester nahm meine objektive Schilderung des Krankheitsfalles gleichmütig hin, muss sie wohl auch, denn Beliebtheit hat ihren Preis.

Wir haben nachts schon mal mehr Patienten, die unbedingt bei uns behandelt werden wollen. Als dann die Ehefrau des Patienten das Taxi entlohnt hatte, kam auch sie herein. Und schon wusste ich, warum mir der Mann so bekannt vorkam. Beide sind Stammgäste, nur Frau S. kann man sich besser merken. Wenn sie sich bei uns als stationäre Patientin wohl fühlt, kann man sie nachts viel an der frischen Luft sehen. Nein, natürlich nicht wegen der gesunden, frischen Luft, sondern wegen ihres ungeheuren Zigarettenkonsums. Als sie hereinkam und mit ihrer stoischen Ruhe nach dem Verbleib ihres Mannes fragte, jagte ich sie hinter ihm her. Sie hat sich allerdings die totale Ruhe angetan, die ihr von Krankheit wegen gegeben ist. Der Weg zur Ambulanz hat sich für sie nicht gelohnt. Denn kaum war sie da, konnte sie nach erfolgter Behandlung ihres Mannes, also nach insgesamt 15 Minuten, unseren allseits beliebten und auch kompetenten Chirurgen wieder verlassen. Fußnägel kann er. Ich wurde um ein Taxi gebeten, welches ich natürlich umgehend angerufen habe. Dieses war also für das Ehepaar S. ein teurer Abend. Taxi hierhin, Taxi wieder zurück, wieder ca. 10 Kilometer nach Hause. Das alles um sich hier 15 Minuten lang den Zehennagel verkürzen zu lassen. „RESPEKT" Gut, dass es keine Praxisgebühr mehr gibt. 10 Euro gespart.

04 Ruhige Nacht. Oder so.

Mitten in der Woche wird bei uns ein Märchen wahr. Denn in irgendeinem Märchen gibt es doch jemanden, der den Bauch voller Steine hat. Ein Wolf, der nach einer geheimnisvollen Operation mit Steinen im Bauch wieder wach wurde und anschließend wegen seines gewaltigen Durstes in einen Brunnen gefallen und ersoffen ist. Unser Patient heißt nicht Wolf, kam aber zu uns ins Krankenhaus, und erzählte mir von seinen Problemen mit Steinen im Bauch. Es war kurz vor 3.00 Uhr, als er bei uns aufschlug, wobei die Uhrzeit wirklich nichts mit seinen Beschwerden zu tun hat. Seine Frau zeigte sich sehr besorgt über den Zustand ihres Gatten. Ich sorgte für eine gute Wegbeschreibung zur Ambulanz, was natürlich trotzdem dazu führte, dass die bekannte „Rechts/Links Schwäche" dazu führte, dass sie beim Notdienst landeten. Sie saßen hier zuerst einmal ca. 15 Minuten, da dort natürlich nachts keine Besetzung vorhanden war. Drei Mal rief ich durch die Eingangshalle ins offene Obergeschoss, um sie auf diesen Fehler hinzuweisen und sie somit in die richtige Warteecke zu schicken. Sie hörten mich einfach nicht. Ich habe mich dann einfach ruhig verhalten, und auf ihre Selbsterkenntnis gehofft.

Die Frau rührte sich als Erste, und machte sich auf den kurzen, einsamen Weg zur Ambulanz. So nach und nach konnte sie sich an den reichlichen Schildern orientieren, rief ihren mit Steinen beladenen Mann hinter sich her, und Schwester M. konnte sie dann endlich in Empfang nehmen. Frau Dr. nahm dann die

Behandlung vor, um die Beiden nach 90 Minuten und entsteint wieder nach Hause zu schicken. Warum der Patient erleichtert wieder gehen konnte, erfuhr ich hinterher von der Kollegin. Der Bauch voller Steine war eine ordentliche Verstopfung. Nachdem Frau Dr. mit Medikamenten für eine vernünftige Entstopfung gesorgt hatte, war der Patient eben entsprechend erleichtert. Wenn das der Wolf aus dem Märchen gewusst hätte, wäre ihm ein sinnloser Tod erspart geblieben.

Ähnliche Uhrzeit in einer anderen Nacht. Ja wenn! Wenn um 4.00 Uhr morgens jemand auf mich zukommt, ein junger Mann, der mir freundlich lächelnd erzählt, dass ihm die Rippen wehe tun. Ja, dann erinnert mich das an die vielen anderen 4.00 Uhr-Idioten, die hier schon mal aufgeschlagen sind. Nun tun dem armen Kerl die Rippen weh. Auf meine Frage nach einem evtl. vorangegangenem Sturz erzählt er mir: „Ja, vor einiger Zeit bin ich mal gestürzt und seitdem tut es auch ein bisschen weh. Nun ist gestern mein kleiner Neffe auf mir rumgehüpft, und jetzt schmerzt es noch ein bisschen mehr. Kann ich mal zur Notaufnahme?" „Ja, natürlich" sage ich, und will ihm den Weg beschreiben. „Das müssen Sie nicht. Ich war schon öfter hier. Ich kenne mich hier aus" sagte er mir. Also einer unserer Stammkunden, der sich immer wieder an unsere gute Arbeit erinnert und uns immer wieder gerne benutzt, um einen gelben Schein zu ergattern. Ich vermute, dass er nicht unbedingt um diese Uhrzeit hätte kommen müssen. Eigentlich hätte er auch seinen Hausarzt um 8.00 Uhr beglücken können. Der hätte sich sicherlich über seine Daseinsberechtigung gefreut, und mit dem Durchziehen der Krankenkassenkarte, bei dieser Rippenprellung auch noch Geld verdient.

Als ich den jungen Mann in der Ambulanz anmelden will, meldet sich Schwester M. ziemlich verhalten. Sie ahnt schon, warum ich sie anrufe, nimmt entsagungsvoll meine Nachricht entgegen und leidet genauso wie ich, mit dem Chirurgen, der gleich für diese Rippe geweckt werden muss. Aber 2 Stunden Schlaf müssen jetzt auch genug sein. Vielleicht kommt ja gleich noch ein spät erkannter Mücken- oder Wespenstich, dann lohnt sich das Aufstehen für den Doc wenigstens. Nach einer guten Stunde verließ uns diese Rippenprellung mit einem freundlichen „Danke und schönen Tag noch" und verschwand in der Nacht. Übrigens gab es keine Anschlussmücke.

Eine „einen schönen ruhigen Dienst" Nacht geht anders. Die wünschen wir Nachtdienstler uns immer gegenseitig ganz gerne. Die Leute vom Spätdienst verabschieden sich in den Feierabend mit diesem Gruß. Ich wünsche dann artig „einen schönen Feierabend". Denn den haben sie sich auch verdient. Ich lasse mir natürlich gerne „eine ruhige Nacht" wünschen, muss sie allerdings nicht immer haben, denn ruhig heißt bei mir langweilig. 10,5 Stunden, die sich ziehen wie Gummi. Natürlich wünsche ich meinen Ärzten eine ruhige Nacht, damit sie sich nach einem langen Kliniktag etwas Ruhe gönnen können, einfach nur schlafen. Klappt aber ganz selten. Speziell, wenn sich mein Chirurg O. A. bei mir verabschiedet, weil er am nächsten Tag mit Familie nach Italien in den Urlaub fährt. Er möchte nur zu gerne ein paar Stunden schlafen, und sagt im Scherz zu mir, dass ich doch bitte seine hereinkommenden Patienten umleiten sollte zum nächsten Krankenhaus. Aber so eine Idee hatten vor ihm auch schon andere Ärzte, da hat es auch nicht geklappt.

Als Schwester M. mir dann einen RTW für den Chirurgen meldete, musste ich ihn leider wecken. Da hole ich den Arzt aus dem ersten, tiefen Schlaf und er versteht mich einfach nicht. Ich versuche ihm behutsam beizubringen, dass ich einen RTW mit einem chirurgischen Patienten leider ins Haus lassen musste. Ganz mitfühlend bekam er von mir zu hören, dass das Umleitungskrankenhaus leider geschlossen hat. Als er meinen kleinen Scherz immer noch nicht verstehen wollte, musste ich ihn tatsächlich mit der gnadenlosen Wahrheit konfrontieren. „Da kommt jetzt ein RTW mit einem Patienten für Dich und Du - musst – aufsteeeeheeeen. So!!" Das hat dann geholfen und kurz darauf sah ich ihn in Richtung Ambulanz eilen. Denn je schneller er jetzt beim Patienten ist, umso schneller ist er hinterher wieder im Bett. Da fällt mir die junge Assistenzärztin M. Sch. ein, die Jahre zuvor noch bei uns gearbeitet hat. Wenn die erstmal geschlafen hat, bekam ich sie nicht so schnell wach. Kam nachts ein Patient für sie in die Ambulanz, wurde sie von mir angerufen und informiert. 10 – 15 Minuten später kam die Nachfrage der Ambulanzschwester, ob ich Bescheid gesagt hätte. „Jawohl" sagte ich und versuchte es sofort noch mal. „Würdest du jetzt bitte kommen, Dein Patient wartet." „Ja, ja, ich komme jetzt." Wenn sie dann nach 5 Minuten immer noch nicht auf dem Überwachungsbildschirm zu sehen war, erfolgte dann mein dritter Anruf. „Sag mal, hast Du eigentlich keinen Bock heute, oder was ist los?" Kurz darauf war sie in der Ambulanz, hat mich auf dem Weg dahin entschuldigend angelächelt, und ist ihrer eigentlichen Berufung gefolgt. "Menschen zu helfen" hat sie doch einmal geschworen und macht sie doch auch gerne, Macht sie übrigens immer noch, mittlerweile als Oberärztin in einem anderen Krankenhaus. Als ich sie Jahre später in unserem Haus zufällig wieder traf, freuten wir uns beide über dieses unverhoffte Wiedersehen. Mein rüder Umgangston von damals hat bei ihr keine schlimmen Erinnerungen hinterlassen, denn ich wurde von ihr zur Begrüßung herzlich umarmt. Wir plauderten noch angeregt über die alten Zeiten, wobei andere Leute sich über unseren herzlichen Umgangston wunderten. Da kann ich ja nicht soviel verkehrt gemacht haben.

Ja, ja, diese 3 – 4.00 Uhr Patienten. Ich lerne immer wieder Leute dieser Art kennen An einem Montagmorgen erscheint um 5.40 Uhr ein groß gewachsener Mann in der Halle und setzt sich wortlos in einen Sessel unserer Sitzgruppe. Kurz vorher konnte ich auf einer der Überwachungskameras eine Person draußen umhergehen sehen. Das war er anscheinend schon. Also kennt er sich nicht aus und ist froh, endlich den richtigen Eingang gefunden zu haben. Er setzte sich still hin, nahm sich eine Zeitung, und war einfach nur da. Ich bin dann zu ihm gegangen, um zu fragen, ob ich helfen kann. „Ja, bestimmt, ich weiß nicht, wo ich bin, ich habe ein bisschen getrunken, und bin vielleicht mit dem Fahrrad gefallen. Jetzt bin ich hier, und weiß nicht wo, und weiß nicht, was ich hier mache." „Aber Ihren Namen wissen Sie?" „Ja, den weiß ich." Er meinte, ich könnte ruhig wieder gehen, er wollte hier nur sitzen und nicht lästig sein. Das wollte ich aber nicht zulassen und rief einen Doc, um sicher zu gehen, dass der Mann wirklich keine versteckten Verletzungen hat. Mit dem Arzt vereinbarte ich, die Polizei zu informieren, um sicher zu gehen, dass niemand vermisst wird. Die Polizei vermisste keinen Mann mit diesem Namen, und so vereinbarte Dr. C. W. mit diesem Mann eine stationäre Aufnahme und ich hatte nun ein verdammt gutes Gewissen. Als C. dann mal wieder ins Bett wollte, um noch ein wenig Schlaf zu bekommen, erzählte er mir die Leidensgeschichte des Patienten. Der Knabe war „hackenstramm", so sagte er mir. Ein Alkoholiker, der sich endlich mal wieder die Kante gegönnt hat. Und ich Heimchen mache mir Gedanken wegen einer nicht erklärbaren Amnesie. Ich habe nichts gerochen, aber auch rein gar nichts. Der Typ muss ganz schön in Übung sein, weil er auch noch gut geradeaus gehen konnte. Kein Wunder, wenn er schon jahrelang daran arbeitet, sich zugrunde zu richten. C. meinte dann, wenn man ganz nah an ihm war, hätte man die Fahne gerochen. Na ja, wer möchte schon ganz nah? Ich nicht. Vielleicht sollte ich mir den Namen merken. Ein neuer Stammgast?

Wir können immer wieder neue Stammkunden gebrauchen. Eine neue Generation wächst heran. Wie gut, dass manche Mütter sich bei uns auskennen. Wohl dem, der eine Mutter hat, die außer am Muttertag auch sonst noch merkt, dass sie Kinder hat. Da werden junge, „erwachsene" Männer mit Schnittwunden am Daumen, Schürfwunden am Knie oder sonstigen schwierigen Verletzungen ihre Mütter als Fahrer oder Rettungssanitäter missbrauchen. Dann werden sie von Mutti hereingebracht. Mütter werden selbstbewusst, wenn es um die Kinder geht, sie kommen herein und gehen zielstrebig an mir vorbei. So kurz vor Mitternacht, gefolgt von Tochter und Sohn kommt die Mutter, geht ohne mich zu registrieren zur Treppe. „Wo möchten Sie hin?" frage ich. „Zur Notfallambulanz" ist die kurze, knappe Antwort. „Und was möchten Sie da" frage ich, um dem zuständigen Arzt Bescheid sagen zu können. Ein verständnisloses, angefressenes Muttergesicht schaut mich an, und klagt: „Mein Sohn ist geschubst worden." „Ach so, dann gehen Sie bitte zur Notaufnahme, nehmen im Wartezimmer Platz, und ich sage der Schwester, dass Sie da sind." Kopfschüttelnd geht Mutter mit ihrem geschubsten Sohn und mit leidender Schwester weiter. Ich bin immer wieder begeistert, wie dreist Leute sein können, wenn sie zu nachtschlafender Uhrzeit ins Krankenhaus kommen, und sich noch nicht mal am Empfang melden wollen, sondern einfach durchtraben. Und dann noch pampig gucken, wenn ich mich betont höflich nach ihren Wünschen erkundige.

Leider musste der Knabe einige Zeit bei uns verbringen, weil wir auch vom Rettungsdienst mehrfach besucht wurden, natürlich mit kranken Patienten im Schlepptau, bzw. auf der Trage. Beim Herausgehen wurde ich auch nicht wahrgenommen. Da lernt man mit zu leben. Es kann ja nicht jeder so gut erzogen sein, wie wir. Obwohl, andere Mütter sind netter, da bluten die Söhne sogar. Na ja, vielleicht wird der Sohn noch mal geschubst, den Rest üben wir dann.

05 Herr Y. bessert sich

In unserem Haus arbeiten Ärzte und Pflegepersonal der verschiedensten Nationalitäten. Bei uns gibt es Mitarbeiter aus Polen, Russland, Spanien, Italien, Jordanien, der Türkei und aus Deutschland. Und wir arbeiten alle gut zusammen. Warum auch nicht? Ich bin zufällig in Deutschland geboren. So ist es einmal passiert, dass ein Arzt mit arabischen Wurzeln einen jungen türkischen Patienten im Behandlungsraum hatte. Ich habe ihn wegen seiner unklaren Symptome einfach mal zum Internisten geschickt. Aufgrund der aggressiven Äußerungen des Patienten während der Befragung durch den Arzt wurde evtl. ein vorausgegangener Drogen- oder Alkoholkonsum vermutet. Der Patient weigerte sich, eine Behandlung zuzulassen, weil ihm die Fragen des Arztes lästig fielen. Er hatte gar nicht vor, diese Fragen überhaupt zu beantworten. Er will geheilt werden, wovon auch immer.

Er hatte überhaupt keinen Bock darauf, sich auf irgendwelche lästigen Fragen einzulassen. Das hätte Konzentration seinerseits erfordert, die er mit seinem Drogenkonsum einfach nicht hatte. Dr. H. stellte daraufhin fest, dass er so nicht arbeiten kann. Der Patient Y. kommt daraufhin zu mir in die Eingangshalle und beschwerte sich bei mir, dass der Doktor ihn nicht behandeln will. Seine hektische, laute, und aggressive Art gegenüber dem mittlerweile neben mir stehenden Arzt schrie förmlich nach polizeilicher Betreuung. Ich dachte mir, dass es nicht wahr sein kann, dass ein Türke und ein Araber vor mir ihren Kampf austragen. Ich wurde von dem jungen Patienten auch noch zu allem Überfluss als „scheiß Deutscher" angeschrien.

Um die Situation nicht eskalieren zu lassen, habe ich ihn natürlich nicht auf seinen türkischen Migrationshintergrund hingewiesen. Mittlerweile stand fest, dass er den Arzt wegen unterlassener Hilfeleistung anzeigen will, und per Handy die 110 anruft. Da wir nun also zweigleisig die Polizei angerufen haben, konnte ja nichts mehr schief gehen. Fünf Minuten später stehen zwei Polizisten vor mir, und wollen wissen, warum sie gerufen wurden. Da Herr Y. immer noch den Hektiker gibt, erkläre ich den Polizisten die Situation. Doktor, Patient und Polizei gingen dann in den Behandlungsraum, und der Patient wird unter Polizeiaufsicht behandelt. Was ihn aber nicht von dem Glauben heilt, den Arzt wegen unterlassener Hilfeleistung anzuzeigen.

Einer der Polizisten brauchte mehrere Anläufe, um dem jungen Mann beizubringen, dass die Polizei Zeuge bei der erfolgten Behandlung war. Nach endlos langer Diskussion und einem Schulterklaps seines Freund und Helfers hat Herr Y. dann mit hochrotem Gesicht unser Haus verlassen. Den Namen habe ich mir dann gemerkt, wie so manch anderen auch. Man sieht sich ja immer zweimal im Leben, wenn ich da einigen erhitzten Patienten glauben soll. Jahre später steht ein mir bekannter, junger Mann mit Migrationshintergrund vor meinem Arbeitsplatz.

Sichtlich gereift, mit einem gut aussehenden Äußeren, ruhiger im Auftreten, in einem angenehmen Umgangston fragt er mich nach dem Weg zur Ambulanz. Endlich mal kein Hektiker, dem sofort geholfen werden muss. Auf meine Bemerkung: „Wir kennen uns aber?" fragte er mich: „ Kann es sein, dass Sie mich in schlechter Erinnerung haben?" habe ich ihm eine ausweichende Antwort gegeben. Man sollte junge Menschen, die im Leben dazugelernt haben, nicht verunsichern, sondern den Lerneffekt lieber kommentarlos anerkennen. Ich bin über jede Besserung hocherfreut. Da freue ich mich für diese gereiften Menschen.

06 Polizisten und Taxifahrer

Ein Sonntagabend, relativ ruhig fängt er an. Der ganze Nachmittag soll schon so ruhig gewesen sein. Na, dann können die Herrschaften ja alle heute Abend oder heute Nacht kommen, sage ich zur Kollegin. Um 21.00 Uhr bekomme ich einen Anruf über ein Handy von einem alten Mann. Wie ich hinterher nachschauen kann, ist der Gute 87 Jahre alt. Und dann ein Handy, allerhand. Auf jeden Fall wählt der alte Fuchs die Telefonnummer unseres Krankenhauses mit Vorwahl, das kriegen manche jüngere Menschen nicht mal gebacken. Und er erzählt mir, wie er heißt und dass er bei uns in der Notaufnahme liegt, und endlich behandelt werden möchte. Seit einer Stunde liegt er da und nichts passiert, sagt er zumindest. Ich vertröste ihn auf die Schwester, die bestimmt gleich zu ihm kommt. Was sie dann auch tat. „So, Herr N., jetzt geht es weiter", höre ich im Hintergrund, bevor er einfach auflegt. Wobei Herr N. wohl ein bisschen geflunkert hat, wegen der noch nicht vorgenommenen Behandlung. Denn wie ich hinterher höre, war das Labor schon abgenommen, eine erste Behandlung hat schon stattgefunden und jetzt habe ich ja selbst gehört, dass es weiter gehen soll. Als ich dann hinterher seinen Namen eingebe, konnte ich feststellen, dass er bei seinem Beschwerdeanruf gerade mal eine halbe Stunde in der Ambulanz war. Wahrscheinlich war es ihm nach der Blutentnahme langweilig, da kann man ja mal auf sich aufmerksam machen. Trotzdem alle Achtung, dass er den Anruf geschafft hat. Ich fand es niedlich.

Wir haben Herrn N. dann hier behalten, wenn er sich doch so viel Mühe gibt. Ansonsten war es der Sonntag der Kleinigkeiten. Zwei junge Männer von nicht einmal 20 Jahren kamen herein. Allerdings war nur einer der Beiden krank, ihn führte ein schmerzender Kniemuskel zu uns. „so ein Zucken ums Knie herum". Tja, wenn es doch so zuckt, muss sich da doch ein Arzt drum kümmern. Unsere Ärzte sind auf zuckende Notfälle spezialisiert. Um 23.00 Uhr ein Familienausflug um eine Dreijährige, die vorgestern von einer Katze gekratzt wurde. Vier Erwachsene und ein angekratztes Kleinkind. So könnte ein Film heißen. Meinen Hinweis auf den ärztlichen Notdienst, der am Wochenende doch fast den ganzen Tag zur Verfügung steht, hat man zwar dankbar zur Kenntnis genommen. Allein, dar Hinweis hilft aktuell nicht weiter. Na ja, vielleicht kratzt die Katze am nächsten Wochenende erneut. Das arme, gekratzte Kind wurde allerdings eine Stunde später schon wieder übertroffen von einer Frau mit ihrem gehunfähigen Mann, der von ihr wegen seines „akut" aufgetretenen diabetischen Fußes im Rollstuhl hereingebracht wurde. Zwei Zehen waren schon schwarz und jetzt muss doch mal ein Arzt draufgucken. Man kennt das mit diesen diabetischen Füßen, die so spontan schwarz werden. Da muss man um Mitternacht unbedingt eine Notaufnahme aufsuchen.

Da hatte die Familie, die kurz vorher mit einem Pseudo-Krupp-Kind auftauchte, schon einen triftigeren Grund. Denn so ein röhrender Husten kann schon mal Angst machen. Wenn nach Aufenthalt an der frischen Luft die Beschwerden etwas nachlassen, ist der Besuch bei einem Arzt auf jeden Fall sinnvoll. Da möchte man als Eltern doch lieber sichergehen. Am frühen Morgen steht ziemlich viel Frau in einer Person vor der Tür. Sie ist nicht zu übersehen, auch nicht wegen der qualmenden Zigarette, die sie notgedrungen vor der Tür zertritt, weil ja im Krankenhaus Rauchverbot herrscht. Ich weise sie jetzt nicht auf den Nichtraucherbereich vor der Tür hin, denn sie ist die Ehefrau eines notfallmäßig hereingebrachten Patienten. Nachdem ich ihr den Weg erklärt habe, wuchtet sie ihren massigen Körper in Richtung Ambulanz. Nachdem sie ihren Mann besichtigen konnte, kam sie schon wieder zu mir, um sich nach einer gemütlichen Raucherecke zu erkundigen. Erkläre ich ihr natürlich gerne. Die dritte Zigarette muss ihr wohl auf die Blase geschlagen sein, sie lief an drei Toiletten vorbei und kam zu mir, um den Weg zu erfragen. Ich brauchte die Frau nur 5 Meter zurückschicken, zur vorher übersehenen Toilette. Wir legen hier übrigens Wert auf eine ordentliche Beschilderung, wollt ich dazu nur mal schreiben.

Ich bin böse, ich weiß. Manchmal. Ich kann aber auch nett sein. Im Anschluss an ihren Aufenthalt fragte ich sie ganz nett, ob ich ihr ein Taxi anrufen soll. In unserem Ort gibt es, soweit ich weiß, zwei Taxiunternehmen. Meine nächtlichen Erfahrungen mit diesen beiden Firmen sind schon recht unterschiedlich. Nicht jede Firma ist so verlässlich, wie man es als Kunde gerne hätte. Musste ich bei der einen Firma schon mal länger warten, klappte es bei der Nächsten um einiges besser. Frage ich bei der einen Firma nach, warum der Fahrer noch nicht da ist, wird mir genervt geantwortet, dass dem Fahrer was dazwischengekommen sein könnte. Was kann dem Fahrer dazwischenkommen, wovon die Zentrale nichts weiß? Frage ich bei der anderen Firma nach, wann der Fahrer hier erscheint, bekomme ich von der Zentrale evtl. eine Entschuldigung, und sogar eine plausible Erklärung für die Verspätung. Natürlich wird nach jahrelanger Erfahrung diese andere Firma von mir favorisiert. Und womit? Mit Recht! Weil dieses Taxiunternehmen bei besonderen Anlässen genügend Fahrer beschäftigt, werden Terminzusagen von ihnen meistens eingehalten. Das sorgt natürlich für Vertrauen unsererseits, und guten Umsatz ihrerseits. Ein kurzer Anruf meinerseits mitten in der Nacht, mit Hinweis auf gebotene Eile, und schon steht der Wagen vor der Tür. Natürlich kann es bei besonderen Anlässen, wie Schützenfesten, Karnevalsfeiern oder auch zu Sylvester einen Engpass geben. An Sylvester habe ich dann auch schon mal sehr alkoholisierte, fertig behandelte Patienten, die den Hinweg zu uns mit dem Rettungswagen machen durften. Mit dem Rückweg sieht es dann schon schwieriger aus. Die Wartezeit auf eine Taxe von zwei Stunden ist Sylvester keine Seltenheit, aber eine gute Möglichkeit zur Ernüchterung, die ich den Patienten aber auch gerne gönne. Blöd ist nur, wenn daneben nüchterne Angehörige von schwerkranken Patienten sitzen, und auch warten müssen. Diese wollen doch einfach nur nach Hause.

Da das Telefon des Taxiunternehmens in einer solchen Nacht natürlich sehr oft besetzt ist, treffe ich für solche Fälle, aber nur an Sylvester, eine besondere Vereinbarung mit meinem Gesprächspartner an der Taxizentrale. Ich bekomme eine besondere Tel.-Nr., die sonst nur als Verbindung für die Taxifahrer bekannt ist. Auf diesem Telefon darf ich für besonders eilige Fälle (siehe oben) anrufen. Nach der Sylvesternacht wird dieser Notizzettel sofort von mir vernichtet. Ich rufe diese Telefonnummer sehr selten an, werde aber bei Bedarf zügig bedient. Wir sind alle Nachteulen, und helfen uns, wenn es mal brennt. Wir tauschen uns auch schon mal bei gegebenem Anlass über Fahrgäste aus. Wie damals, als ein Fahrer eine recht renitente Frau zu uns brachte, und sofort zu mir sagte, dass er diese Tante auf keinen Fall wieder bei uns abholen wolle. Brauchte er auch nicht, denn da die Dame weiterhin auffällig blieb, musste ich die Polizei rufen, um sie unter Aufsicht behandeln und anschließend entsorgen zu lassen. Mittlerweile ist diese Dame der Polizei und dem besagten Taxiunternehmen wohlbekannt. Hier konnte ich dann hinterher anrufen, und die Fahrer warnen lassen, dass die Tante von der Polizei wahrscheinlich vor der Haustür ausgesetzt wurde, also wieder auf freiem Fuß ist. Das bin ich meinem Freund von der Taxizentrale schuldig.

Apropos Freund, unser Freund und Helfer sorgt zwischendurch auch schon mal dafür, dass wir zu tun haben. Denn hier oder da gibt es Autofahrer, die trotz Alkoholgenuss mit dem Auto fahren. Wenn sie sich dabei von der Polizei erwischen lassen, muss bei ihnen evtl. eine Blutprobe entnommen werden. Das weiß man. Wenn ein niedergelassener Arzt nicht zur Verfügung steht, kommt unser Freund und Helfer, natürlich nach vorheriger Anmeldung, mit ihrem Kunden zu uns. Es ist also Blutspendenacht angesagt. Innerhalb einer Stunde kommen 2 x 2 Polizisten mit ihrem jeweils alkoholisierten Opfer zu uns. Der Erste wurde in einem Ort in ca. 10 Kilometern Entfernung eingefangen, mit leichtem Zwang hierhin geführt (allerdings ohne Handschellen, Schade) zur Ader gelassen und anschließend wieder herausgeführt. Dann war unser Freund und Helfer nicht mehr sein Freund, denn sie sind ohne ihn gefahren. Da stand er nun im Regen, ohne Auto, vielleicht sogar ohne Führerschein, und kam wieder herein. Ein zufällig anwesender Pfleger und ich durften uns dann seinen ganzen Frust anhören. Er weiß ja, dass es keine gute Idee war, mit Alkohol Auto zu fahren (Einsicht ist ja toll) aber die haben ihn einfach zu uns verschleppt, ihn zur Blutprobe genötigt und bringen ihn nicht mal nach Hause. Er war sichtlich enttäuscht und fühlte sich verlassen. „Diese Bullen sollten mal nach Afghanistan und da kämpfen. Das wäre was. Aber nein. Die machen sich hier einen lauen Tag und jagen ahnungslosen Autofahrern hinterher." Meinen Einwand, dass ich nicht von einem angetrunkenen Autofahrer angefahren werden möchte, hat er gar nicht zur Kenntnis genommen. Schnickschnack, seine Meinung zählt. Auf meine wiederholte Frage, ob ich ihm eine Taxe bestellen soll, sagte er mir, dass er jetzt zu Fuß nach Hause ginge. Das brauchte er jetzt, um sich zu beruhigen und runterzukommen. Viel Vergnügen, 10 Kilometer bei Regen.

Autofahrer Nr. 2 hat sich hervorgetan, wie mir die Ambulanz-Schwester erzählte, indem er sich mit den Polizisten anbiederte. „Mensch, so wie Sie dastehen, könnte ich Ihnen glatt die Waffe klauen". Die Kollegin aus der Ambulanz hat sich ziemlich erschrocken. Aber der andere Polizist meinte dann beruhigend, dass das dem Knaben wohl nicht gut bekommen würde. „Außerdem, bellende Hunde beißen nicht. Schon gar nicht so angetrunken." Dieses Opfer verließ dann mit unserem Freund und Helfer das Krankenhaus, ohne zu murren und zu zetern, ohne Arbeitsbeschaffungsmaßnahmen für die Polizei in Afghanistan zu entwickeln, dafür vielleicht mit einem kleinen, schlechten Gewissen.

Immer wieder sonntags. Eine Taxifahrerin kommt am Sonntagabend um 23.30 Uhr mit einer bedächtig gehenden Frau, mit einem Koffer und einem gequälten Gesichtsausdruck hier im Krankenhaus an. Weil mir die Frau einen sehr unbeweglichen Eindruck machte, bin ich den beiden Frauen mit einem Rollstuhl entgegen gegangen. Frau, die knapp über 70 Jahre alt war, in den Rolli gepackt und zum Fahrstuhl gefahren. Währenddessen durfte ich mir die Diskussion über die Bezahlung des Fahrpreises anhören. „Nun hörn se mal auf" meinte die Gefahrene, „Schicken sie mir die Rechnung doch einfach zu." Auf meine Frage nach ihren gesundheitlichen Problemen, tischte sie mir in Kurzform einige Krankengeschichten der letzten Jahre auf, die ich aber nicht wissen wollte. Z. Zt. ginge es ihr irgendwie nicht gut. Also habe ich die Schwester in der Ambulanz motiviert, sich mit der Internistin um diese Patientin zu kümmern. Nachdem sich die Ärztin telefonisch mit ihrem Oberarzt beraten hat, konnte ich sie anschließend mit der Polizei verbinden, die dann auch kurze Zeit später ins Haus kam. Es dauerte einige Zeit, bis die Polizei und die vermeintliche Patientin wieder bei mir auftauchten. „Nein, nein" meinte einer der Polizisten, „Es geht nicht, dass Sie hier im Krankenhaus ein Bett bekommen, nur weil Sie an unserem Bahnhof gestrandet sind, kein Geld in der Tasche haben, und jetzt vorgeben, irgendwann mal krank gewesen zu sein." Die Idee an sich war ja nicht schlecht, aber wenn die Dame aus dem Bonner Raum, warum auch immer bei uns aus dem Zug steigt, können wir es auch nicht ändern, dass sie nicht akut erkrankt ist. Nach Rücksprache der Polizei mit einem Beamten, der Notdienst für das Ordungsamt macht, konnte für die Dame dann ein Bett in der Notunterkunft organisiert werden. Dazu muss man noch sagen, dass laut Polizei die Dame in der Ambulanz auch noch frech geworden ist, weil ihrem Wunsch nach einem Bett für eine Nacht nicht entsprochen wurde. Die Taxifahrerin konnte dann die Fahrt zu uns als Verlust verbuchen, denn Geld war genauso wenig vorhanden wie eine EC-Karte. Daran konnte auch unser Freund und Helfer nicht ändern.

07 Von Kranken und Bekannten

Wir haben heute einen lauschigen Abend mit einem strahlend blauen Himmel. Nachdem es heute Mittag einen abkühlenden Regenschauer gab, ist die Luft sehr angenehm geworden. Ein Weinfest im Ort, an unserem großen See, macht Hoffnung auf eine ereignisreiche Samstagnacht. Aber das Fest geht schon seit gestern, und da haben sich auch alle Gäste gut benommen. Nicht einer ist hier aufgetaucht. Es ist nicht mal einer im Dunkeln umgeknickt. Fatal! Man fühlt sich als Krankenhaus so unbenutzt. Aber wenn schon keiner zu uns kommt, müssen wir uns wenigstens mit den Anrufen zufriedengeben, die uns erreichen.

Kurz nach 21.00 Uhr ruft mich die Tochter eines Vaters an und erzählt mir, dass Vater seit Tagen schwere Magenschmerzen hat. Ob sie mal mit der Notaufnahme oder mit einem kompetenten Arzt sprechen könnte? „Geht zur Zeit leider nicht, weil da zuviel zu tun ist" sage ich zu ihr, „Aber Sie können persönlich mit ihm hereinkommen, damit sich ein Arzt sofort persönlich kümmern kann. Bis 22.00 Uhr ist der Notdienst noch da." Eine Krankenschwester vom Tagdienst wollte Feierabend machen und bekam dieses Telefonat mit. Sie meinte, dass die Tochter doch sicherlich erst nach 22.00 Uhr kommt, jetzt noch zum Notdienst, wäre den beiden doch bestimmt zu kurzfristig. Ich kann ihr morgen früh erzählen, dass Tochter mit den väterlichen Magenschmerzen schon um 21.30 Uhr hereinkam, und schon 15 Minuten später vom Notdienst-Arzt aus wieder zurück nach Hause durfte. So etwas nennt man Spontanheilung.

Kurz nach dem Anruf der Tochter des Vaters mit den Magenschmerzen hatte ich die nächste Dame in der Leitung, die heute im Internet recherchiert hat. Dabei durfte sie feststellen, dass wir eine Gefäßchirurgie haben. Diese möchte sie gerne benutzen für ihre Krampfadern. Sie bat um eine telefonische Verbindung mit unserem Gefäßchirurgen, um mit ihm die Behandlungsmethoden durchzusprechen. Sie möchte gerne gelasert werden, denn bei der letzten Operation wurden die Krampfadern verödet. Das hat ihr nicht so gut gefallen. Nun ist um diese Uhrzeit weder unsere Gefäßchirurgie, noch das dazu gehörige Sekretariat besetzt. Unser Diensthabender ist heute ein Unfallchirurg, der genug in der Ambulanz zu tun hat und sich nicht telefonisch um Lady Madonna kümmern kann.

Ich musste die Dame auf den nächsten Montagmorgen leider vertrösten und ihr raten, sich dann mit dem zuständigen Sekretariat verbinden zu lassen. Denn da ihre Behandlung kein Notfall ist, reicht auch noch dieser Anruf am Montag. Schließlich ist die Krampfader noch nicht geplatzt, in diesem Falle hätten wir natürlich sofort geholfen. Wir beenden dieses Gespräch, da noch jemand in der Warteschleife wartet. Nach ein paar Minuten ruft mich die vorherige Telefonnummer wieder an, um nachzufragen, ob wir auch ein bestimmtes Ultraschallgerät haben. Diese Frage konnte ich leider nicht beantworten, und habe auch diese auf den Montagmorgen vertagt. Wer weiß, was sie da wieder recherchiert hat. Besagte Schwester vom Tagdienst stand immer noch bei mir, weil sie auf ihren Mann wartete, der sie mit dem Auto abholen wollte. Sie meinte dann, ich sollte ein Buch schreiben mit dem Kram, der mir so regelmäßig passiert. Recht hat sie.

Wir haben noch nicht mal Mitternacht und es reißt nicht ab. Um 22.30 Uhr habe ich einen netten mitteljungen Mann mit Migrationshintergrund vor mir stehen, der eine Apotheke braucht, um eine Salbe für seine Frau zu holen. Die hat sich neulich Fettzellen aus dem Po ins Gesicht spritzen lassen, und jetzt sieht das Gesicht so verspannt aus, dass es eine entspannende Salbe braucht. Sie wartet zuhause (man kann sich denken, warum) und er wird in die Nacht geschickt, um die Entspannungscreme zu jagen. Ich gebe ihm die Adresse der Notapotheke und er kämpft sich durch die Nacht zu ihr. Um 23.30 Uhr kommt eine junge Frau mit eigener Wasserflasche in der Hand herein und möchte zur Notaufnahme, weil sie nämlich eine „fette Blasenentzündung" hat. Ich weise ihr den Weg und informiere die Ambulanzschwester. Die Blasenentzündung stöckelt mit ihren Highheels weiter zur Notaufnahme, überzeugt sich davon, dass sie nicht die Erste in der Schlange ist, und kommt nach 10 Minuten wieder herunter zu mir. Wahrscheinlich war das Wartezimmer wieder zu sehr gefüllt, so wie fast immer. Dann ging sie nach draußen zu ihrem wartenden Freund, rauchte sich eine Zigarette, stellte fest, dass die Blasenentzündung doch nicht „so fett" war und fuhr wieder von dannen. Womit wir gelernt haben, Zeitmangel und Rauchen ist gut gegen Blasenentzündungen.

An einem anderen Abend, so kurz vor Mitternacht, erzählte mir ein Mann mit einem fetten Verband am Unterarm, warum er sich von seinem Hund trennen will. Gut, dass er ihn zuhause gelassen hat, denn dieser Hund hat es gewagt, ihn zu beißen. Dabei wollte er ihm doch nur das Fell bürsten. Er traf mit der Bürste eine wunde Stelle im Fell, worauf der Hund dann ganz spontan den Unterarm des Mannes traf. Mit blutverschmierter Hand und einem dicken Handtuch um den Arm kam Herrchen dann zu uns und wollte geheilt werden. Hätte er sich rechtzeitig um die wunde Stelle im Fell seines Hundes gekümmert, wäre diese Verletzung vielleicht nicht passiert. Ich reichte ihn trotzdem weiter. Nach erfolgreicher Behandlung kam der Entschluss zur Trennung vom Hund. Ich riet ihm zu einer Hundeschule, es gibt da doch oft Anschauungsmaterial im Fernsehen. Nein, dessen schlechte Erziehung wollte er nicht optimieren lassen. Das wurde mir dann mehrmals mit immer wiederkehrenden Begründungen erklärt. Nachdem er mir fast eine Frikadelle ans Ohr gelabert hat, kam endlich der angerufene Sohn, um Vater, bzw. Herrchen abzuholen. „Gute Besserung, und überlegen Sie sich das mit dem Hund doch noch mal." Meistens ist doch der Hund ein Produkt der Erziehung seines Herrchens, da sollte er doch mal nachdenken, warum das passiert ist, was passiert ist.

Und schon kam die nächste Sensation herein. Ein Pärchen, bestehend aus einem Mann in einer seltsam karierten Fließjacke, mit langem, ungepflegtem Haar, welches mit einem Gummi zusammengebunden war, zuzüglich einer stattlichen Frau mit sehr rot gefärbten Haaren. Den Mann habe ich als Patienten angesehen, weil er stark hinkend hereinkam. Ich habe gedacht, dass er vielleicht vom Pferd getreten wurde. Aber dann hätte das Pferd auch den Mund getroffen haben können, denn Zähne waren da nicht mehr zu sehen. Nein, weit gefehlt. Der Mann war nicht das Problem. Der weibliche Teil des Pärchen hatte Reizhusten. Seltsamerweise immer nur im Liegen. Aber wer möchte schon im Liegen Reizhusten haben? Die Hotline des ärztlichen Notdienstes rieten ihr, ins nächste Krankenhaus zu fahren. Also auf, auf, zu uns. Arzt und Pfleger kümmerten sich ziemlich sofort um sie. Die Wartezeit auf die Laborergebnisse verkürzten sich Beide vor der Eingangstür mit einer Zigarette die sie im Beisein ihres dort angeleinten Boxers gönnten. Eine bis drei Zigaretten lassen einen die kalte Luft da draußen etwas besser ertragen. Ich weiß zwar nicht, was unser Labor in diesem Fall festgestellt hat, aber nach Bekanntgabe der Werte sind Patientin und Begleiter wieder zu ihrem angeleinten Hund, leinten ihn ab, um sich dann auf den Weg nach Hause zu begeben. Der Reizhusten war dann doch nicht so bedrohlich, wie im Liegen vermutet. Als T. Sch., der Internist, sich bei mir ins Bereitschaftszimmer abmelden wollte, meinte er, das hätte ich auch wohl behandeln können. Na ja, ein Eukalyptus-Bonbon wäre es mir wert gewesen, ohne Durchziehen der

Krankenkassenkarte. Nur – der weiße Kittel mit der Berechtigung zu guten Ratschlägen ist mir nicht gegeben. Da hat der Doc schon einiges mehr an Glaubwürdigkeit. Ich bekäme vielleicht auch Reizhusten, wenn ich zu nah an den Mann oder den Hund käme. Rauchen hat mir vor vielen Jahren auch schon mal Reizhusten verschafft. Ich bin so froh, dass ich kein Raucher bin. Und die Sache mit dem Hund? Wir wissen schon, warum wir keinen haben. Wir möchten keinen Reizhusten. Ich mag Hunde, vor allen Dingen die Hunde von anderen Leuten. Da sind mir auch deren Allergien oder Reizhusten egal.

Ein ganz normaler Frühlingsfreitagabend. Bei meinem abendlichen Erstrundgang komme ich bei der Ambulanz vorbei und darf feststellen, dass die wartenden Patienten keinen Sitzplatz mehr im Wartezimmer haben. Sie standen sogar schon im Flur in der Schlange. Wir haben einen Patientenzulauf, wir könnten auch eine Disco sein. Jung und Alt finden den Weg zu uns. Bei der Disco gibt es meistens einen Türsteher, der darauf achtet, welche Leute hereinwollen. Im Krankenhaus gibt es mich. Im Gegensatz zum Türsteher in der Disco lasse ich aber jeden herein. Zum Zwecke der Information frage ich die hereinströmenden Leute, welches Anliegen sie zu uns treibt. Ist es evtl. die Hilfe in der Ambulanz, die sie suchen, oder ist da ein stationärer Patient, den sie besuchen wollen. Es gibt auch Besucher für diese Patienten, die die Abendstunden gerne für einen Besuch nutzen, da der stressige Tag ihnen keine Zeit lässt. Und dann sitzt da einer am Empfang und fragt so um 22.00 Uhr: „Wo möchten Sie denn hin?" „Dumme Frage", denken die Leute dann und versuchen, mich zu ignorieren. Klappt nicht. Mit einem freundlichen „Hallo" bringe ich mich dann in Erinnerung, und nötige den Besucher damit, zu mir zu kommen. „Einen Besuch? Um diese Uhrzeit? Ich frag gerne mal auf der Station nach." Manchmal klappt es, manchmal klappt es nicht mit dem Besuch. Das ist auch ein Unterschied zu einer Disco. Da sind die Besuchszeiten um einiges flexibler. Na ja, ab 23.00 Uhr wird auch dieses Geströme ruhiger. Dann kommen nur noch die Patienten, die uns einfach nur gut finden, und unsere Gleitbehandlungszeiten zu schätzen wissen. Aber sie müssen uns auch gut finden, denn wir sind das einzige Krankenhaus am Platze. Nur können wir zwangsläufig auch nicht jeden behalten, so geräumig sind wir nicht. Manche dürfen nach der Behandlung auch wieder nach Hause.

Im Laufe des Abends wurde uns ein Herr mit dem Krankenwagen gebracht, der so ca. 23.00 Uhr fertig behandelt vor mir stand und nach Hause durfte. Ob ich mal bei ihm zuhause anrufen könnte, um seiner Frau zu sagen, dass er abgeholt werden möchte. Kann ich. Habe ich auch in Angriff genommen. Seine Frau war alles andere als begeistert, als ich sie bat, ihn abzuholen. „Ich dachte, der bleibt mindestens eine Nacht im Krankenhaus. Das kann er doch nicht machen. Ja, was mach ich denn jetzt?" Ich sagte dann: „Kommen Sie doch einfach und holen Sie ihn ab, dann werden Sie ja hören, warum er wieder nach Hause kann. Oder schicken Sie jemanden." Das wollte sie dann auch organisieren. Ich hätte ihn an ihrer Stelle auch nicht gerne wieder zu Hause gehabt. Ein etwas sehr fülliger Mann, so um die 50 Jahre, in einer grauen, nicht ansehnlichen Jogginghose. Es gibt schönere Outfits. Er war zumindest nicht unangenehm laut, sondern er sah einfach nur nicht optimal aus. Sein volles blaurot gefärbtes Gesicht, mit der durcheinander geratenen Frisur oben drüber, ließ auf ausgiebigen Alkoholkonsum in den letzten Jahren schließen. Egal, er darf nach Hause, das muss seine Frau einfach akzeptieren. Eine halbe Stunde Wartezeit an der frischen Luft hat ihm bestimmt gut getan.

Wie ich bereits schrieb, sind wir ein Krankenhaus und keine Disco. Die Besuchszeit geht bei uns im Interesse der Patienten bis 20.30 Uhr. Bis 21.00 Uhr sagen wir nichts, anschließend frage ich schon mal höflich nach, warum ein Besuch zu dieser Uhrzeit noch sein muss? Manches Mal ist es auch kein Problem, wenn Sohnemann unbedingt noch Mutti besuchen will. Da hat die Nachtschwester auf der Station manchmal auch kein Problem mit. Nur wenn um 23.00 Uhr jemand noch einen Besuch machen will, klappt das nicht so einfach. Also steht der junge Mann vor mir, möchte Herrn K. besuchen und versteht nicht, dass ich ihn nicht ohne weiteres durchlassen kann. Sein Name ist V. und er möchte diesen Patienten unbedingt besuchen. Er hat auch etwas in der Hand, was er dem Patienten unbedingt aushändigen muss. Ich rufe daraufhin die Nachtschwester der entsprechenden Station an und frage um Erlaubnis, den Herrn durchlassen zu dürfen. „Nein", kriege ich da zu hören, und noch mal ein entschiedenes „Nein, hast Du schon mal auf die Uhr geguckt? Der Patient schläft. Ich war gerade bei ihm auf dem Zimmer. Er schläft!!!" Ich wiederhole das Argument der Schwester vor meinem Besucher, um ihn danach nett heraus zu komplimentieren. Klappt aber nicht. Er hat draußen auf dem Parkplatz per Handy mit dem Patienten telefoniert und möchte nun seinen Besuch erledigen. „Wie gesagt, mein Name ist V., ich bin ein Bekannter von Ihrem Prof. A. Ich war schon öfter mit ihm auf der Jagd. Na, der wird sich wundern, wie Sie mit mir umgehen." Die Nachtschwester bleibt beim „Nein!!!", ich natürlich auch, biete dem Herrn aber an, das Präsent weiter zu reichen. Er vertraut mir das Teil an, und verschwindet, nicht ohne mit einem vorwurfsvollen Blick an seine Bekanntschaft mit Prof. A. zu erinnern. Ich hatte absolut kein schlechtes Gewissen, habe dann aber Wochen später besagten Prof. vor mir. „Hat sich Herr V. bei Ihnen über mich beschwert?" frage ich ihn. „Wer ist Herr V.?" „Ein Bekannter aus Ihrem Jagdverein, der sich durch seinen Kontakt zu Ihnen ein Besuchsrecht um 23.00 Uhr erschleichen wollte." „Was haben Sie denn mit ihm gemacht?" „Nach Rücksprache mit der Nachtschwester wieder herausgeschickt." „Sehen Sie, und das war genau richtig. Leute, die ich kenne, brüsten sich nicht mit meiner Bekanntschaft, und diesen Herrn kenne ich auf keinen Fall. Wie war noch einmal sein Name?" Kommentar erübrigt sich.

Heute ist der Dienstagabend. Ich habe heute meine Arbeitswoche gestartet, und der Dienstagabend verkommt zum Banalitätenabend. Bei meinem abendlichen Kontrollgang konnte ich sehen, dass die Warteecke der Ambulanz gut gefüllt war. Da konnte ich schon mal einen guten Zulauf in den frühen Abendstunden erkennen. Dieser Kundenbestand wurde dann zwar so nach und nach abgearbeitet vom Chirurgen und Internisten, von mir allerdings nur schleppend wieder aufgefüllt. Ein kindliches Bauchweh, welches vom Papa hereingetragen wurde, in Begleitung der Mama mit der zweiten Tochter an der Hand, und selbstverständlich mit dem dazu gehörigen Großelternpaar (Familienausflug) wurde von mir zum Notdienst geschickt. Dieser wiederum sah irgendeinen Grund, den Familienausflug zur Weiterbehandlung (evtl. Labor) zur Ambulanz zu schicken. Vermutet er da vielleicht einen Blinddarm? Wie schön, dass unser Chirurg die komplette Familie nach 2 Stunden wieder nach Hause schicken konnte. Auch schön, dass Oma und Opa die Heilung hautnah miterleben durften.

Zwischendurch kam eine Besucherin zu mir und fragte, ob ich ihr eine Taxe rufen könnte. „Kann ich" „Sagen Sie mal, müssen Sie die ganze Nacht hier sitzen? Ist denn das nicht langweilig? So viele Kranke kommen doch nachts nicht hier rein, oder?" Ich erzählte ihr dann, dass ich absolut keine Langeweile kenne, weil es doch immer wieder Leute gibt, die nachts meinen, krank zu werden. Wäre sie länger bei mir stehen geblieben, hätte sie sich persönlich von unserem Kundenandrang überzeugen können. Denn in der Stunde vor Mitternacht, konnte ich viertelstündlich die Banalitäten weiterreichen. Zunächst habe ich eine gynäkologische Patientin allgemeinchirurgisch zum Internisten geschickt. Macht absolut keinen Sinn, aber wenn die Dame mir erklärt, dass sie Bauchschmerzen (allgemeinchirurgisch) hat, „schon länger" (internistisch), und ihr Gynäkologe hat neulich eine Zyste festgestellt, muss ich sie schon mit diesen Worten zuerst beim Internisten ankündigen. Der kann sie gegebenenfalls immer noch zum Gynäkologen weiter reichen. Die Patientin brauchte dann auch insgesamt etwa 2 Stunden, nach Labor und Behandlung, bis sie wieder nach Hause konnte. Sicherlich mit einem Schreiben für den Gynäkologen ihres Vertrauens in der Tasche. Da fragt Mann sich, warum geht Frau nicht tagsüber zu ihrem eigenen Gynäkologen, Frauen sind doch so eigen mit sich und der Wahl ihres Frauenarztes. Zumindest die Frauen, die ich kenne. Aber egal, zwischendurch kam auch noch ein RTW für die Innere, daher wahrscheinlich die 2 Stunden Aufenthalt der Dame.

Die nächsten Patienten hatten beide einen defekten Finger. Der erste Mensch outete sich einfach mit seinem „Aua-Finger", der Zweite zeigte mir seinen bereits verpflasterten Finger, in den er sich leider geschnitten hatte. In den Finger schneiden kann sich jeder, ist mir auch schon mal passiert. Wie gut, wenn man dann weiß, in welchem Krankenhaus einem dann geholfen wird. Allerdings, die letzte Patientin vor Mitternacht war eigentlich nicht mehr nötig. Denn, wenn einem vor 4 Wochen vom Hausarzt eine Zecke entfernt wurde, und sich jetzt eine kleine Rötung am Arm zeigt, dann sollte dem Hausarzt eigentlich das Recht zustehen, diese Reklamation selbst zu bagatellisieren. So!!! Genug der Banalitäten. Mitternacht ist vorbei und jetzt kommen die richtigen Kranken. Ja genau, die nächste männliche Zecke, bei dem die Ehefrau versucht hat, dem Arzt zuvorzukommen und die Zecke selbstständig zu entfernen. Gute Idee, hat aber nicht geklappt, darum ist der Mann jetzt hier. Aber zur Ehrenrettung der Ehefrau muss ich sagen, dass ich auch nicht wüsste, wie so ein Tier richtig entfernt wird. Und da soll einer sagen, bei mir kommt Langeweile auf. „Ihr Rettungswagen, ihr dürft jetzt alle kommen!"

Der nächste Abend ist ein „italienischer Abend", weil gegen 23.00 Uhr drei italienische Schönheiten unser Haus beglücken. Eine blond gefärbte Dame ist wohl eine Tante, die beiden anderen sind anscheinend Mutter und Tochter. Sie hängen so aneinander. Durchaus nicht unschön, allerdings hat die Tochter einen offensichtlichen Makel. Sie bewegt sich recht langsam und auch unsicher zu mir, und hat Schwierigkeiten mit einem ihrer Füße. Bei meiner Nachfrage bekomme ich zu hören, dass sie gestern umgeknickt ist, und jetzt geht es gar nicht mehr. Nun gut, ich erkläre den Damen, wo unsere Notaufnahme ist. Und ich erkläre eigentlich immer recht einfach, aber kompetent, um niemanden falsch zu schicken.

Wie ich feststellen durfte, hätte ich sie besser an die Hand genommen, in den Aufzug stellen sollen und oben wieder herausholen sollen. Statt in den Aufzug, gingen sie einen Gang zu früh in Richtung Kapelle. Ich bin sofort hinterhergelaufen und habe sie zurückgerufen mit den Worten: „Sie können natürlich gerne unsere Kapelle besuchen, nur haben wir da heute keinen Arzt für Sie. Den finden Sie in der Ambulanz." Nachdem ich ihnen den Aufzug gezeigt und erklärt habe, wurde er auch von ihnen benutzt, bis zum ersten Stock. „Rechts herausgehen zur Notaufnahme" sagte ich. Als ich wieder auf meinem Platz saß, konnte ich die Damen auf meinem Überwachungsmonitor beim Notdienst auf der linken Seite sitzen sehen. Ich habe dann keine Korrektur mehr vorgenommen, und eine erzieherische Wartezeit walten lassen. Irgendwann haben sie von alleine gemerkt, dass sie in der falschen Warteecke saßen, und haben sich dann das richtige Wartezimmer gesucht. Die darauffolgende Wartezeit muss ihnen recht lange vorgekommen sein, und Warten kann ja auch hungrig machen. 90 Minuten später klingeln zwei italienische Männer am Notfalleingang der Rettungswagen, weil sie mit drei in Alufolie verpackten Brötchen zu den Damen möchten. Nachdem ich endlich kapiert habe, wo der Pappa mit dem Proviant hinwollte, konnte ich die Familienzusammenführung in Gang bringen. Weitere 15 Minuten später war das hübsche Töchterchen fertig mit der Behandlung, und hoffentlich auch gesättigt, und konnte mit ihrer ganzen Familie unser gastliches Haus verlassen. Pappa bekam im

Herausgehen noch ein lobendes Schulterklopfen von seiner Tochter. Familienidylle pur. Ach ja, und mir wurde ein freundliches „Dankeschön und Tschüühüs" zugerufen. Hat man nicht oft.

09 Kinder und mehr

Ein Abend mitten in der Woche, der so ruhig verläuft, wie dieser Abend, ist sehr ungewöhnlich. Man möchte es kaum glauben. Ein paar Kleinigkeiten, die behandelt werden mussten, u. a. ein weiblicher, blauer Fingernagel, der meinte, unbedingt versorgt werden zu müssen. Ich konnte außer der Farbe nichts Ungewöhnliches an diesem Fingernagel erkennen. Aber ich weiß ja, dass ich mich auf meine Kunden verlassen kann. Noch keine 4.00 Uhr morgens, und ein zur Uhrzeit passender Patient nach dem anderen kommt angedackelt. Zuerst ruft um 1.00 Uhr eine Frau für ihren Mann an, der sich bei der Arbeit in den Finger geschnitten hat. Der Finger wurde zwar schon vom Arzt versorgt, schmerzt aber immer noch. „Darf ich mit ihm reinkommen? Haben Sie einen Arzt da, der sich wohl um meinen Mann kümmert?" „Haben wir, und wenn Ihr Mann es nicht aushält bis um 8.00 Uhr, wenn der Hausarzt offen hat, können Sie natürlich zu uns kommen." Länger als eine halbe Stunde hat er es nicht ausgehalten, und schon war er hier.

Kurz nach diesem Anruf rief die nächste Pfeife an. Männlich, sehr angetrunken, mit einer Kopfplatzwunde, die seiner Meinung nach unbedingt behandelt werden müsste. Einen Krankenwagen wollte man ihm dafür nicht schicken. Da hat er schon nachgefragt. Von mir wollte er vorab einen Taxi-Schein. Habe ich natürlich verweigert, obwohl er meinte, befreit zu sein. Ich habe ihm geraten, das mit unserem Arzt zu diskutieren, wenn er erst mal hier ist. Dann wollte er mit dem Arzt telefonieren. Habe ich auch verweigert, weil der Arzt ja nun schließlich etwas anderes zu tun hat. Der schlief nämlich gerade erst. Ich habe dem Mann dann empfohlen, irgendwie herein zu kommen. Er wollte dann den Weg zu Fuß machen. Anscheinend war das Geld versoffen, und für eine Taxe nichts mehr vorhanden. Nach über einer Stunde kam er in Begleitung zweier Kumpels herein. Die Kopfplatzwunde war zügig versorgt und Tschüss. Keine Frage nach dem Taxischein mehr, es ist wohl ein Unterschied, ob man vor einem Menschen steht, oder ihn telefonisch nerven kann. Um 2.00 Uhr kam neben einem RTW auch noch eine Frau, die schon eine Reisetasche dabei hatte und stationär bleiben wollte. Etwas hypernervös ist noch milde ausgedrückt. Sie war komplett durch den Wind, stellte sich bei mir mit Namen vor und erzählte mir etwas von einem Streit mit ihrem Mann, Gallenproblemen und ihrem Wunsch, „jetzt sofort" aufgenommen zu werden. Sie kannte sich hier aus, sagte sie und ging dann doch in die falsche Warteecke. Ich habe sie dann in der falschen Warteecke ein wenig zur Ruhe kommen lassen, bis ich sie dann durch lautes Zurufen auf die richtige Warteecke aufmerksam machte. Also ging sie jetzt in die richtige Richtung, denn – sie kennt sich doch aus. Mein Kollege aus der Ambulanz bedankte sich dann bei mir für diese außergewöhnliche Galle. So ein Herzchen hat man nicht alle Tage. Es stellte sich heraus, dass diese Galle keine Galle war, sondern ein bisschen Psyche.

Ich vermute mal, dass unser überaus nettes Personal in der Ambulanz einfach nur mal ein wenig zugehört hat. Ein bisschen Verständnis, ein paar nette Worte als Placebo und die Dame war bereit, wieder nach Hause zu fahren. Mein Pfleger aus der Ambulanz brachte sie sicher zurück in die Halle und gab mir den Auftrag, ein Taxi zu rufen. Die Dame bedankte sich überschwänglich, der Taxifahrer freute sich. Wir freuten uns auch, wieder ein gutes Gewissen, wieder eine Kundin glücklich gemacht. Sie kann im heimischen Bett schlafen. Es ist noch keine 4.00 Uhr. Da wären wir jetzt auch gerne. Glückliche Kunden, es könnte nicht besser für uns laufen. Und das Alles ohne Vollmond. Ich sehe ihn nämlich gerade, den Mond. Nach einer gut besuchten und sehr abwechslungsreichen Samstagnacht bringt uns um kurz nach 3.00 Uhr der nächste Rettungswagen eine laut weinende, oder rufende Frau. So genau konnte ich bei der weiten Entfernung nicht Rufen vom Weinen unterscheiden. Sie war aber auf jeden Fall sehr laut.

Eine halbe Stunde später kommt der Lebensgefährte der Dame mit zwei Begleitern herein und möchte unbedingt zu ihr. Ich ermögliche daraufhin die Familienzusammenführung und lasse einen weiteren Menschen hereinkommen. Ein sichtlich angeschlagener Mann ca. Mitte 30 schleicht zu mir. Seine Klamotten für einen Krankenhausaufenthalt trägt er in einer Reisetasche bei sich. Er ist bereit, bereit bei uns zu bleiben, denn es geht ihm nicht gut. Seit über einer Woche hat er Fieber, bekommt schlecht Luft, kann nicht schlafen, kurz und gut, er ist krank. Seit Tagen hat er nichts gegessen und fühlt sich antriebslos. Das wäre ich auch nach tagelangem Hungern.

Jetzt möchte er, dass ihm geholfen wird, denn jetzt geht es gar nicht mehr. Er macht einen niedergeschlagenen Eindruck, sieht sehr bleich aus und scheint wirklich krank zu sein. So etwas nennt man einen schlechten Allgemeinzustand, und so melde ich ihn auch bei der Kollegin der Ambulanz an. Gut, dass der Internist noch mit der weinend rufenden Frau beschäftigt ist. Dann kann er zügig helfen. Wenn jemand so einen kranken Eindruck hinterlässt, werden wir ihn doch bestimmt stationär für uns behalten. Wo er doch sogar seine Tasche schon dabei hat. Nach einer guten Stunde geht übrigens der Lebensgefährte mit seiner nicht mehr weinenden Lebensgefährtin an der einen Hand, und dem vorher wohl von ihr benutzten Eimer in der anderen Hand, an mir vorbei an die frische Luft in Richtung Heimat. Das begleitende Pärchen spielt den Geleitschutz. Obwohl ich ein freundliches „Tschühüs" von mir gebe, bekomme ich keine Antwort. Grußlos, aber ich hoffe, nicht unzufrieden werden wir verlassen. Aber die Hauptsache ist ja, sie weint nicht mehr und kann selbstständig laufen. Na gut, an seiner Hand, aber trotzdem anscheinend geheilt.

Vielleicht kommt Sr. K.W. mal für eine kurze Pause zu mir. Wir haben uns während der ganzen Nacht noch nicht gesehen. Telefonischen Kontakt hatten wir mehr als genug. Jedes Mal, wenn ich einen neuen Fan unserer Notaufnahme bei ihr angekündigt habe. Jetzt sollte langsam mal genug sein, da ich noch einen von zu Hause mitgebrachten Muffin habe, den ich ihr gerne aufdrängen würde. Gerade jetzt durfte ich feststellen, dass ich besagten Muffin selbst essen muss. Wir haben 4.30 Uhr und ich habe gerade Mutti mit einem erwachsenen Töchterchen zur Ambulanz geschickt. Das Kindchen muss wohl gerade eine spontan aufgetretene Blasenentzündung bekommen haben. Anders kann man sich nicht erklären, warum Mutter und Kind um diese Uhrzeit notfallmäßig ins Krankenhaus kommen müssen. Gibt es denn eigentlich spontan auftretende Blasenentzündungen? Eine Entzündung ist doch ein langwieriger Vorgang. Kann ein Vollpfosten auch weiblich sein? Oder gibt es etwa auch Pfostinnen? Was schreibt da der Duden? Ach egal!

In einer anderen Nacht haben wir die Nacht des kranken Darmes. Da freut sich jeder Allgemeinchirurg. Um 1.30 Uhr, Sr. M. hat sich gerade für eine kleine Pause bei mir eingefunden, da kommt ein Ehepaar zur Tür herein. Ich frage nach meinem „Guten Morgen", ob ich ihnen weiterhelfen könnte. Er sagte dann, dass seine Frau zur Notaufnahme müsste. „Ja, gerne, was hat sie denn?" „Ja, nun sach ma, watte has" sagte er zu ihr. Sie kam dann zu mir und sagte leise: „Ich habe da so ein enges Gefühl im Darm. Schon wieder mal." Ok, so ein enges Gefühl im Darm kann man schon mal haben, dachte ich so, schickte sie zur Notaufnahme, und Sr. M. hinterher. Ich hörte dann beim nächsten Pausenversuch, dass der Chirurg W.G. sich Zeit genommen hat für ein nettes, einfühlsames Gespräch und die Patientin nach 15 Minuten mit ihren Gefühlen und ihrem Ehemann wieder nach Hause ging. Vielleicht geht sie ja morgen zum Hausarzt, der freut sich bestimmt über ihren Besuch.

Der nächste Patient kommt um 4.00 Uhr mit Blut im Stuhl und ein bisschen Erbrechen. Ein 4.00 Uhr Patient, die Internistin freut sich bestimmt. Gut, dass der Rettungswagen zwischendurch einen Patienten mit Herzproblemen gebracht hat. So hat sich das Wachsein für die Ärztin wenigstens gelohnt. Blut im Stuhl, man muss sich um kurz vor 4.00 Uhr die Dramatik zuhause vorstellen. Und dann noch zusätzliches Erbrechen, wenn auch wenig. Damit kann man doch morgens nicht zur Arbeit gehen. Ob es da wohl im Krankenhaus einen gelben Schein gibt? Bei soviel Krankheit muss es doch eine AU geben? Ich weiß ja nicht, was Frau Dr. L.M. gegen soviel Krankheit unternehmen konnte. Aber es war noch genug Blut im männlichen Körper, er durfte wieder nach Hause gehen.

Um 4.30 Uhr erscheint ein fürsorglicher Vater mit sechsjährigem Sohn, der Schmerzen in der Wange hat. Ich fragte nach, ob es wohl Zahnschmerzen sein könnten. Wussten weder Vater noch der Sohn genau. Ich wies dann auf den nicht vorhandenen Kinderarzt hin. Das wusste der Vater aber schon, und meinte: „Vielleicht kann ja ein anderer Arzt mal gucken?" Hat dieser auch getan, und nach 10 Minuten waren Vater und Sohn wieder auf dem Weg dahin, wo sie um diese Uhrzeit auch hingehören. Das arme Kind hätte das Bett gar nicht verlassen dürfen. Die Schmerzen in der Wange hätte der Vater dem Kleinen vielleicht schönreden können. Dann muss die Schule heute eben ausfallen.

Ein nächster, besorgter Vater ruft an einem Samstagabend um 23.30 Uhr an und fragt nach, ob wir einen Kinderarzt im Haus haben. „Nein, haben wir nicht, denn wir haben keine Kinderklinik." Auf meine Frage, wie alt das Kind ist, und welche Probleme es hat, höre ich, dass der Junge 10 Jahre alt ist, fiebert und sich ständig erbricht. Ich gebe dem Vater den Rat, sich an eine Kinderklinik zu wenden. „Ja, aber kann ich denn nicht zu Ihnen kommen? Wir wohnen doch hier am Ort, und irgendeinen Arzt haben Sie doch auch da." „Ja, natürlich habe ich Ärzte, einen Chirurgen habe ich, eine Internistin, nur eben keinen Kinderarzt. Unser Chirurg schaut sich sicherlich gerne Ihren Sohn an und wird Sie mit ihm bestimmt zu einem Kinderarzt weiterleiten." „Ja aber Ihr Arzt wird doch dem Jungen bestimmt eine Spritze geben können, damit er mit dem Kotzen aufhört?" „Nein, das wird er sicher nicht so ohne weiteres tun, weil er ja kein Kinderarzt ist." Dieser Dialog wiederholte sich noch einmal. Es wäre doch für Vati so einfach gewesen, mit dem Kind zu uns, Spritze irgendwo hin, Kotzen vorbei. Klappt aber nicht. Mein nochmaliger Hinweis auf die Kinderklinik im 25 Kilometern entfernten Nachbarort nötigte ihn dann doch dazu, sich die von mir genannte Telefonnummer zu notieren, um den Kinderarzt zu kontaktieren. Ich bezweifle, dass dieser Anruf überhaupt getätigt wurde, und die Fahrt zur Kinderklinik schon gar nicht stattgefunden hat. Da vertraute der Vater bestimmt auf die weniger aufwändige Selbstheilung.

10 Frohe Ostern

In der Nacht zum Karfreitag passiert kaum etwas. Zwei junge Frauen ca. Anfang 20 erscheinen ungefähr um 23.00 Uhr und eine der Beiden erzählt mir sehr bedeutungsvoll, dass sie Schmerzen unter der Brust hat, und nahm dabei auch ihre Hände zu Hilfe. Sie möchte es schließlich genau zeigen. „Nämlich da, da drunter." Wie schön, dass sie den Stoff darüber gelassen hat, sonst hätte ich evtl. Kopfkino bekommen. Ich schickte sie weiter zur Ärztin, von der sie nach erfolgreich durchgeführter Behandlung wieder nach Hause geschickt wurde.

Alle Leute, die um diesen Zeitpunkt hier auftauchten, brauchten etwas länger, bis sie wieder nach Hause konnten. Denn es kamen einige Lappalien zu uns. Um kurz vor 2.00 Uhr kam eine ganze Familie, um die Herzprobleme des Vaters zur Sprache zu bringen. Mutter hatte die Kleinste auf dem Arm, und die Große ging brav an ihrer Hand. Blöd, wenn man keinen Babysitter für die lieben Kleinen hat. Vielleicht wäre es besser gewesen, wenn Vater sich mit seinen Problemen in ein Taxi gesetzt hätte, anstatt die Kinder für einen Familienausflug zu wecken. Fast zeitgleich schwankt ein junges Mädchen in die Halle, schwarz gekleidet, eine halbvolle Wodkaflasche in der Hand. „Können Sie mir helfen?" „Ja klar, wobei denn?" „Ich weiß nicht, wie ich nach Hause kommen soll." Ich bot ihr an, ein Taxi für sie anzurufen. Wegen Geldmangel kam das aber nicht infrage. Dann wollte ich ihr einen Angehörigen anrufen. „Oh ja, rufen Sie bitte meine Mutter an" sagte sie, nannte mir die Telefon-Nummer (etwas stolpernd, aber die richtige). Ich schickte das Mädel auf einen Stuhl, damit sie sicher sitzt, und rief die Mutter an. Schonend brachte ich der Mutter den Grund meines Anrufes bei. Man will ja nun niemanden erschrecken, wenn man um 2.00 Uhr in der Früh aus einem Krankenhaus anruft. „Also, Ihre Tochter ist nicht verletzt, nur angetrunken, und bittet darum, von Ihnen abgeholt zu werden." Mutter wollte dann auch kommen.

Ich nahm dem 17-jährigen Kind dann die Flasche Wodka ab, um sie sicherzustellen, und gab ihr dafür einen Becher Mineralwasser. Das Wasser war wohl nicht nach ihrem Geschmack. Sie stand auf und lief weg, eine Etage höher waren auch Stühle. Ich funkte unseren Springer an, der nachts auf den Stationen aushilft. Der merkte wohl die Dringlichkeit meines Funkspruchs und machte sich sofort auf den Weg, wobei ihm das Mädel über denselben lief. Ich teilte ihm mit, dass der Ruf wegen diesem Kind war, und er kümmerte sich sofort. Er hörte sich ihre alkoholgetränkte Leidensgeschichte an, und war richtig gut Freund mit ihr. Zwischenzeitlich war ihre Mutter dann auch bei mir, nahm die Flasche Wodka an sich, um sie sofort draußen zu entleeren. Dann nahm sie ihr Kind in Empfang und sie zogen davon. Von meinem Springer-Kollegen hörte ich, welche Probleme das Mädel mit seinem prügelnden Vater und der verständnislos wegschauenden Mutter hatte. Das Kind erzählte von einer Borderline-Diagnose, hatte geritzte Arme und wegen anderer Sachen war wohl schon von der Einweisung in eine Psycho-Klinik die Rede. Gut, dass ich der Mutter erzählt habe, dass das Mädchen sich gut benommen und nur ein bisschen zu viel getrunken habe.

Während des ganzen Traras hatte ich nebenbei noch eine Familie mit einem erbrechenden Jungen im Grundschulalter und ein Ehepaar mit einem weiblichen Bluthochdruck. Der Familienausflug von 2.00 Uhr nahm den Papa mit den hoffentlich behobenen Herzproblemen wieder mit nach Hause. Die Kinder fanden das bestimmt alles ganz toll, mit ihren blinkenden Schuhen nachts um mittlerweile 3.00 Uhr draußen herumzulaufen. Ich wollte den Kindern schon fast ein paar Gummibärchen mitzugeben. Aber um diese Uhrzeit noch Süßes?

Nach zwei „relativ" entspannten Nächten mit wenigen Kuriositäten haben wir endlich Ostersonntag. Die Fastenzeit ist vorbei. Es gibt tatsächlich Kollegen und andere Leute, die diese Fastenzeit einhalten. Ich habe nachts keine Fastenzeit. Sieben Nächte am Stück arbeiten ist schon eine Herausforderung. Da brauche ich nicht auch noch zusätzlich die Fastenzeit. Ich versuche auch so schon, nicht zu ausschweifend zu leben. Es schlägt sich schließlich alles aufs Gewicht nieder. Da fällt mir gerade einer meiner Kollegen ein. Ein junger Chirurg, der praktizierender Moslem ist. Der junge Mann hält sich an Ramadan, isst und trinkt tagsüber nicht bei der Arbeit. Ich durfte das feststellen, weil ich ihm abends ein Hustenbonbon angeboten habe, welches er abgelehnt hat. Er möchte das so, weil ihm das gut tut. Alle Achtung! Ich hätte diesen Ehrgeiz nicht.

Gestern Abend kamen einige Patienten zu uns. Menschen mit Knickfüßen, eine selbst diagnostizierte Blinddarmentzündung, mehrere Stürze, egal auf welchen Körperteil, Schmerzen in der rechten Po-Hälfte (kann auch ohne Sturz weh tun) und eine taube, linke Wade habe ich gelindert wieder gehen sehen. Eine junge Frau, die ca. 23.00 Uhr mit mehreren Begleitern kam, bekam ganz schlecht Luft. „Eigentlich bekommt sie gar keine Luft", meinte die Begleiterin. „Und das schon den ganzen Tag". Ich war so froh, dass sie ohne Luft bis zu uns überleben konnte, und dass die knappe Luft noch bis zu uns reichte. Nach fast zwei Stunden ging sie ziemlich geheilt mit ihrer Truppe wieder an die frische „Luft" und konnte dieselbige wieder genießen.

Die Mutter eines mit dem Fahrrad verunfallten 15-jährigen rief mich abends an und erzählte, dass der gefallene Knabe Schmerzen im Bein, im Arm, im Kopf und sonst wo noch hat. Also ein Ganzkörperschmerz. Er erbricht ständig und sie braucht unbedingt einen Arzt für ihn. Ich riet ihr, mit ihm unbedingt zu uns zu kommen. „Aber er bricht andauernd" „Er soll sich einen Eimer vor den Kopf halten. Dann versaut er Ihnen nicht das Auto. Kommen Sie mit ihm zu uns." Ich erzählte ihr, dass ich ihr vor dem Eingang einen Rollstuhl an den Rand des Parkplatzes bereitstellen würde. Sie freute sich über mein Angebot und versprach mir, auf jeden Fall zu kommen. Als sie dann endlich bei mir ankamen, konnte ich mich davon überzeugen, dass der Knabe sichtbar lädiert war.

Kurz nach Mitternacht kam ein Familienausflug mit türkischen Wurzeln von einer Feier. Drei schicke junge Männer in schwarzen Anzügen, mit weißen Hemden und Krawatten brachten einen älteren, ebenso gekleideten, Herrn mit Herzschmerzen, der schon vor einiger Zeit mal einen Herzinfarkt hatte. Dann wird man schnell, falls man Symptome vermutet. Ab in den Rollstuhl mit ihm und in die Notaufnahme, Schwester und Doktor benachrichtigen, und den Rest der nachfolgenden Familie hinterherschicken. Anne war auch dabei. Sie wurde nämlich von den jungen Männern wiedererkannt. Die schicken Knaben vertrieben sich die Wartezeit während der Behandlung damit, vor meinen Augen in der Eingangshalle Fotos mit dem iPhone von sich zu machen. Das Posieren auf der Wendeltreppe, die vom ersten Stock in die Halle herunterführt, das Foto mit der Empore im Hintergrund. Ein Rollstuhl im Hintergrund macht sich auch ganz gut. Die Selfies, die eben jeder so von sich macht. Aber wann kommt man schon dazu, sich in festlicher Kleidung in diesem Umfeld, also im Krankenhaus, fotografieren zu können. Ich habe mich sehr amüsiert und hätte sogar bei Bedarf mich zu einem Gruppenfoto hinreißen lassen, aber ich wurde nicht gefragt. Als dann die dazugehörigen Frauen in ihren langen eleganten Kleidern auftauchten, war der Patient inzwischen geheilt und durfte wieder zurück zur Party.

Auch der 15jährige Fahrradunfall konnte mit Mutti wieder nach Hause fahren, obwohl er immer noch sichtlich lädiert war. Den Eimer hat Mutter auch wieder mitgenommen, man weiß ja nie, was noch passiert. Das waren also unsere Ostereier.

11 Irgendein Morbus

Eine Samstagnacht im April. Es ist nicht mehr so kalt. Man möchte in dieser Nacht gern mal nach draußen gehen, um frische Luft zu atmen. Es ist die Nacht der Verschleppten. Nein, nein, es wurde niemand entführt. Die Krankheiten waren es, die verschleppt wurden. Von den vielen, vielen Leuten, die heute hier im viertel- bzw. halbstündlichen Rhythmus ankamen, hat jeder Zweite im Laufe des Tages festgestellt, dass er sehr krank ist. Dann schleppen sich die Leute mit ihren mehr oder weniger starken Problemen durch den ganzen Tag, um nach Feierabend des ärztlichen Notdienstes hier aufzutauchen. Voller Überraschung stellen sie dann gemeinsam fest, dass wir schon 22.00 Uhr durch haben. Ich denke schon, dass jeder einzelne Patient stolz auf sein Durchhaltevermögen sein kann. Man muss sich da mal vorstellen, dass ein Knabe morgens einen Schlag auf den Rücken bekam. Und es hat richtig weh getan. Tagsüber war es noch auszuhalten, aber jetzt am Abend geht es gar nicht mehr. Nein, da wollten Mutter und Schwester doch noch vor Mitternacht einen Arzt draufgucken lassen.

Eine allergische Reaktion auf ein Medikament seit morgens schon, ebenfalls eine weibliche Luftnot, die den ganzen Tag schon andauert, eine leichte Schwellung im Gesicht, im späten Nachmittag festgestellt, und dicke Beine (männlich) auch seit dem Vormittag sind ja wohl Anlass genug, uns zu beglücken. Wir freuen uns über jeden, aber auch jeden neuen Fan. „Morbus Mediteranus" oder „Morbus Männlich" wäre eine völlig neue Diagnose, die ich mit den Schwestern in der Notaufnahme als Kennwort absprechen sollte. So was hatten wir nämlich auch dabei. Obwohl das jetzt fies von mir ist, denn einer der Beiden hatte wirklich starke Kopfschmerzen. „Do you speak English?" fragte mich der Begleiter. Ich liebe es, wenn ich meine nicht so ausreichenden Englischkenntnisse anwenden muss. Denn zu meiner Volksschulzeit wurde Englisch als Unterrichtsfach erst im vorletzten Schuljahr eingeführt. Die Verständigung klappte zwar trotzdem einigermaßen, aber ich fühlte mich nicht sonderlich wohl dabei. Die deutsche Sprache liegt mir mehr. Obwohl, ich habe sie unfallfrei zur Ambulanz dirigieren können. „Then you go left, and then you go right, upstairs oder so", so hat es geklappt. Das klappt aber nicht immer, nicht einmal, wenn man beiderseitig die deutsche Sprache genutzt.

Heute litten mehr als die Hälfte der Hereinkommenden an einer Links-Rechtsschwäche. Mehr als den Weg aus dem Aufzug, rechts zur Ambulanz, bzw. links zum Notdienst, kann ich nicht erklären. Mehr als die Hälfte der Leute, die ich zur Ambulanz schicke, landet anschließend beim Notdienst, der schon lange Feierabend hat. Und ich sitze im Erdgeschoss und rufe durch die Halle nach oben zum ersten Stock. Mehrmals, bei fast jedem Kunden, aber man hört mich einfach nicht. Und ich kann laut rufen. Ach ja, das heutige Highlight war um 23.00 Uhr eine junge Frau, die seit 12 (!) Tagen keinen Stuhlgang mehr hatte, und ich muss sagen, es hat ihrer Figur nicht geschadet. Sie war heute Morgen beim Notdienst (alle Achtung) und hat auch etwas eingenommen. Aber jetzt hat sie Krämpfe im Unterbauch. Vielleicht wirkt das Medikament jetzt erst. Dann sollte man wirklich unter medizinischer Aufsicht das tun, was andere Leute jeden Tag zu Hause alleine machen.

Vielleicht hat sie ja Angst, nach 12 entsagungsvollen Tagen „dabei" zu kollabieren. Dann kollabiert sie lieber unter ärztlicher Aufsicht. Ich frage mich so ganz verträumt, was die Dame wohl gemacht hätte, wenn die Krämpfe sich während der Fahrt zu uns selbstständig gemacht hätten? Irgendwann sah ich sie dann herausgehen. Scheint geklappt zu haben.

Dienstagmorgen 1.40 Uhr ruft eine Tochter (sehr erwachsen) an, weil ihre Mutter seit mindestens drei Minuten starkes Nasenbluten hat. Ich frage nach einem eventuellen Bluthochdruck ihrer Mutter. Nein, Mutter hat keinen Bluthochdruck, aber sie, die Tochter, möchte gerne mit der Ambulanz sprechen. „Oder was kann man da noch machen, außer Nase zuhalten?" Ich frage Sr. E., ob sie dieser Anruferin ein Tipp geben möchte?" „Nein soll reinkommen, telefonisch wird hier niemand behandelt." Also sage ich der Tochter anschließend, dass sie mit Mutter reinkommen soll. Tochter (weil erwachsen) wird sehr forsch am Telefon und sagt nach meiner Aufforderung, hereinzukommen, einfach zu mir: „Ja also versuchen wir es noch ein wenig zu Hause." „Nein" sage ich „Die Schwester hat gesagt, Sie sollen mit Ihrer Mutter hereinkommen." Antwort der Tochter: „Aber sonst hat man doch immer gesagt,

Kopf nach hinten halten und Kühlakku in den Nacken?" „Nein" sage ich, „die Schwester hat doch gesagt, Sie sollen hereinkommen." „Ja gut, dann versuchen wir es noch ein bisschen zuhause mit dem Akku." „Das habe ich doch gerade nicht gesagt" erwidere ich.

Und die forsche, und evtl. von Mutter genervte Tochter legt einfach auf, weil sie keine Lust hat, sich um diese Uhrzeit auf den Weg zu uns zu machen. Wie kann Mutter sich erdreisten, um diese Uhrzeit Nasenbluten zu kriegen. Man stelle sich vor, dass sie vielleicht nach Erstbehandlung bei uns womöglich noch zur HNO-Klinik weitergeschickt werden könnten. Dann lieber Kühlakkus. Immer noch Dienstag, mittlerweile 2.00 Uhr morgens. Die Mutter mit der bluttriefenden Nase, die von einem gut saugenden Handtuch verdeckt ist, kommt mit ihrer forschen Tochter nun doch zu uns. Mutter ist vielleicht ca. Mitte 40 und kann sich verständlicherweise nicht äußern. Die junge Dame gibt sich als Anruferin von soeben zu erkennen und beide werden von mir umgehend, ohne mich wegen meiner telefonischen Erziehungsversuche in Erinnerung zu bringen, zur Ambulanzschwester weitergeleitet. Also klappt die Heilung mit Kühlakkus auch nicht mehr so wie früher. Dann hoffe ich doch, dass die für solche Fälle vorgesehene Tamponade auch ihren Zweck erfüllt. Denn wahrscheinlich werden Mutter und Tochter anschließend zur etwa 20 Kilometer entfernten HNO-Klinik geschickt.

Kurz danach ruft ein Arzt aus einer nahegelegenen Klinik an und möchte mit unserem Internisten sprechen. Es geht um unser Herzkathederlabor. Somit wird also der nächste Patient angekündigt, der höchstwahrscheinlich sehr arbeitsintensiv wird. Das sieht nach einer langen Nacht für unseren Dienst habenden Internisten aus. Eines nehmen wir aus dieser Nacht mit, nämlich dass die Kühlakkus auch nicht mehr das sind, was sie früher schon mal waren.

Nicht jeder Mensch kann eine Wohnung sein Eigen nennen. Es gibt also Menschen ohne ein Dach überm Kopf, also Obdachlose. Manche machen aus sich ein alkoholisches Wrack, vegetieren vor sich hin, und legen keinen Wert auf sich. Andere wiederum gehen optimistisch mit ihrer Situation um und versuchen, ihrem Leben ohne Alkohol einen Sinn und eine Wende zu geben. Es war im Winter, als ich abends zur Arbeit erscheine. Meine Kollegin erzählt mir, dass in der Warteecke ein junger, obdachloser Mann sitzt. Er hatte sie gefragt, ob er sich einen Moment aufwärmen dürfte. Sie erlaubte es ihm, mit Hinweis auf den Kollegen, der sie gleich ablöst, also auf mich. Als ich dann alleine war, kam der junge Mann zu mir, um sich vorzustellen. Da kam eine den Umständen nach ansprechende Erscheinung auf mich zu, unrasiert zwar, aber nicht schmutzig. Die Kleidung war wohl nicht mehr die neueste, aber zweckmäßig und sauber. Der dicke, grüne Parka hatte ein Fell und er trug eine dicke Mütze. Es war ja nun auch saukalt. So ein Dezember kann es ja auch in sich haben.

Der junge Mann erzählte mir, dass er durch ungünstige Umstände sein Zuhause verloren habe, und seitdem auf der Straße lebe. Er würde sich gerne noch ein bisschen bei mir aufhalten. Ich erlaubte ihm, bis 22.00 Uhr hier bleiben zu dürfen. Anschließend müsste ich ihn leider bitten, die Eingangshalle zu verlassen, weil die Besuchszeit dann endgültig vorbei wäre. Er war aber dann froh, zumindest diese Zeit im Warmen zu verbringen. So ging es dann die ganzen nächsten Abende, er kam im Nachmittag und blieb bis zum späten Abend. Zuletzt saß er mit einer weiblichen, ebenfalls nicht sesshaften Begleitung, in der Besucherecke. Auch für sie fragte er nach einer Erlaubnis. Als ich mich nach der jungen Frau erkundigte, erzählte er mir, dass er sich ihrer angenommen habe, weil sie schon mehrfach von anderen Männern belästigt wurde und sie deshalb Angst habe, alleine umherzuziehen. Seit Tagen kümmert er sich um sie, habe bisher aber Hemmungen gehabt, sie mitzubringen. Die Beiden haben sich den Rest meiner Arbeitswoche hier aufgehalten und sind danach zur nahegelegenen Kirche gegangen. Da war im Eingangsbereich eine geschützte Nische, in der sie die Nacht verbringen konnten. Ich hätte sie sogar die ganze Nacht in der Halle bei uns sitzen lassen, vertrauenswürdig genug erschienen sie mir schon. Aber ich muss nachts Kontrollgänge machen, kann sie also nicht immer sehen, und ich trage eine Verantwortung meinen Kollegen, den anderen Nachteulen, und den stationären Patienten gegenüber. An meinem letzten Arbeitsabend verabschiedeten wir uns voneinander, seitdem habe ich sie nie wieder gesehen. Ich hoffe, dass es eine positive Wendung in ihrem Leben gegeben hat. Gönnen würde ich es ihnen. Ich habe nie wieder einen so netten, angenehmen Menschen kennen gelernt, der normalerweise den Stempel „Penner" vor der Stirn hätte.

„Und täglich grüßt das Murmeltier", so heißt der Film mit Bill Murray. Unser Murmeltier heißt M. G., ist etwas über 50 Jahre alt, und erkennbarer Alkoholiker. Er gehört zu den Obdachlosen mit nur der einen Perspektive, nämlich dem Alkohol. Er grüßt zwar nicht täglich, aber so ca. fünf bis sieben Mal im Jahr, und das seit etwa 15 Jahren mindestens. Er wird meistens irgendwo auf dem Gehweg, in Gebüschnähe, oder auch im Hauseingang aufgefunden. Ein Passant findet ihn also liegend auf dem Gehweg, ruft die 112 an und meldet der Feuerwehr eine hilflose Person. Dann kommt ein Rettungswagen, dessen Besatzung Herrn G. aus vorherigen Einsätzen kennt. Liegenlassen kommt nicht infrage, es könnte ja mal ernst sein. Wenn er doch unerklärbare Bauch- oder Herz- oder Beinschmerzen angibt, muss er doch zur Untersuchung ins Krankenhaus mitgenommen werden. In einem solchen Fall kann es zum Zwecke der Ernüchterung, um nicht mehr hilflos zu sein, auch mal zur stationären Aufnahme kommen. Er wird grundsätzlich zuerst untersucht, dass auch wirklich nichts übersehen wird, dann wird gebadet (also eingeweicht) und er bekommt Essen und Trinken. Nach höchstens zwei bis drei Tagen fühlt er sich dann so gesättigt und geheilt und verlässt meistens ohne Abschied unser gastliches Haus. Denn Durst ist schlimmer als wir. Wenn er aber alkoholisiert und nicht glaubwürdig krank ist, kann er nach der nicht benötigten Behandlung, bzw. Besichtigung wieder zurück an die frische Luft. Das will er aber nicht immer.

In einem dieser Fälle war er betrunken und müde und wollte nach der Besichtigung durch den Arzt auf

„seine" Station. Auf meinen Hinweis, dass er hier keine Station hat, ist er in Richtung Aufzug gegangen, um auf diesem Wege auf „seine" Station zu kommen. Ein erneuter Hinweis meinerseits verärgerte ihn zunehmend, veranlasste ihn aber nicht, nicht auf „seine" Station zu wollen. Er wollte das Krankenhaus mit seinem verlockenden Bett nicht verlassen. Da sich an diesem späten Abend noch einige Leute mehr in der Eingangshalle aufhielten, konnte ich ihn nicht einfach gewähren lassen. Ich sprach ihn daraufhin noch einmal, dann aber etwas lauter an: „Sie haben hier keine Station, Sie sind nicht krank, und gehen Sie jetzt bitte nach draußen. Sie müssen das Krankenhaus jetzt verlassen!" "Ich lass mich von Dir nicht rausschmeißen", schrie er mich daraufhin an.

Das war dann der Grund für mich, die Polizei zu rufen. Ich meldete einen Randalierer in der Halle, und musste auf die Nachfrage zur Person leider mitteilen: „Es tut mir leid, es ist ein alter Bekannter. Ich habe Herrn M.G. schon mehrmals aufgefordert, das Krankenhaus zu verlassen. Er tut es nicht, dafür müsst Ihr jetzt kommen. Ich kann mir zwar vorstellen, dass ihr ihn nicht wollt. Aber wir wollen ihn auch nicht. Er ist nicht krank, er will uns nicht verlassen, obwohl ich das mehrmals gesagt habe. Also bitte, wer ist hier der Freund und Helfer?" Kurz danach kam der Streifenwagen an. Die Polizisten haben dann ihren alten Bekannten begrüßt, mit den Worten: „Mensch, Michael, was machst Du denn hier für einen Mist? Nun komm mal schön mit nach draußen. Hier kannst Du nicht bleiben." Und Michael schaute recht unwirsch, erzählte nicht zusammenhängende Sätze, und ging mit nach draußen. Nun habe ich ihn schon einige Monate nicht mehr gesehen. Das muss aber nichts heißen, denn er ist ja eigentlich obdachlos. Ohne festen Wohnsitz kann er ja nicht umziehen, da reicht eigentlich schon eine Schwarzfahrt in einen der Nachbarorte, wo man ihn noch nicht kennt. Neue Umgebung, neue Getränke, neues Krankenhaus.

Raucher sind auch Menschen. Patienten sind auch Raucher. Je mehr Raucher ein Mensch ist, je mehr Patient wird er auf Dauer sein. Also ist unser Arbeitsplatz aufgrund der Sucht der Anderen vielleicht sogar dauerhaft sicher. Denn eines ist ja wohl klar. Manche Krankheit wird durch Süchte begünstigt. Natürlich streitet das jeder Raucher ab. Wie sagte noch im letzten Jahr ein alter Herr zu mir, als ich ihm den guten Rat gab, nicht nach draußen zu wanken, um zu rauchen. „Wenn ich die Zigaretten nicht hätte, wäre ich schon längst tot." Er ging sehr langsam am Rollator nach draußen. Wochen später rollte er dann im Rollstuhl nach draußen, um zu rauchen. Irgendwann rollte er gar nicht mehr, und ich hörte, dass er verstorben ist. Bis vor einigen Jahren gab es noch einen Raucherraum in unserem Haus. Dann wurde irgendwann von höherer Stelle beschlossen, in Krankenhäusern keine Raucherräume mehr zu gestatten. Also mussten die Patienten zum Rauchen das Haus verlassen, um ihrer Sucht in einem außen gelegenem Raucherpavillon zu frönen.

Ich bin so froh, dass ich kein Raucher bin. Ich bin Nichtraucher seit fast 30 Jahren. Als wir mit dem zweiten Kind schwanger waren, haben meine Frau und ich zusammen aufgehört mit der Qualmerei. Ich bin allerdings kein militanter Nichtraucher, sondern Rauchern gegenüber sehr tolerant. Von mir aus kann jeder nach Qualm stinken, seinen Geruchsinn und Geschmacksinn peinigen, und seine Gesundheit mit einer chronischen Kurzatmigkeit belasten. Jetzt gerade um 2.00 Uhr morgens fährt ein Raucher mit seinem Rollstuhl zum wiederholten Male nach draußen. Er hat nur noch ein Bein und sieht sehr krank aus. In den letzten 6 Stunden war er bestimmt stündlich an der frischen Luft, um seinem Laster nachzugehen. Vielleicht ist es ja das einzige Vergnügen, was er noch hat. Also bin ich da lieber nachsichtig.

Kein Verständnis habe ich für Leute, die egal ob im Sommer oder Winter, im Schlafanzug, evtl. auch mit Bademantel bekleidet, unbedingt rauchen müssen. Ich friere mir irgendwelche Körperteile ab, wenn ich mal kurz an die frische Luft gehe. Und diese Süchtigen halten sich mehr oder weniger leicht bekleidet draußen auf. Bei Minusgraden wirklich gesundheitsgefährdend. Im Sommer gibt es da tolle Erlebnisse zu vermelden, wenn Männlein und Weiblein ihre opulenten Formen zur Schau stellen. Menschen werden ja mit zunehmendem Alter und mit zunehmender Körperfülle nicht ansehnlicher. Als Beispiel habe ich einen großen, massigen Mittfünfziger, der seinen behaarten Oberkörper in ein rosa Unterhemd zwängt, und damit beharrlich eine ganze Woche herumläuft. Er aalt sich draußen in der

Sonne, versucht braun zu werden, qualmt wie ein Schlot, sieht zum Erbrechen aus, und besitzt tatsächlich die Frechheit, mich um Geld anzupumpen, weil seine Frau ihn gerade nicht besuchen kann. Habe ich natürlich bedauernd abgelehnt, weil ich kein Geld zur Verfügung habe. Habe ich gesagt. Und Krankenhausgeld gebe ich grundsätzlich nicht heraus.

Es gibt natürlich auch weibliche Beispiele, die zum Abgewöhnen sind. Mit Shorts und Shirt werden hier im Eingangsbereich Kilos zur Schau gestellt, dass es einen schauert. Es ist übrigens egal, ob es über- oder untergewichtige Menschen sind, die sich so zeigen. Schön ist beides nicht. Warum kann man nicht ordentlich gekleidet zum Rauchen nach draußen gehen. Diese Leute laufen doch hoffentlich in der Innenstadt nicht auch so herum. Ist Krankheit eine Entschuldigung für flodderhaftes Auftreten? Allerdings gibt es bei den vielen Rauchern in unserem Krankenhaus auch nette Raucher. Ein Gutes muss man den Rauchern dann lassen. Sie kommunizieren miteinander. Da könnte sich mancher sture Nichtraucher eine Scheibe abschneiden. Ich finde, dass Raucher kontaktfreudiger sind als Nichtraucher. Und sei es nur, dass man seinen Nachbarn um Feuer bittet. Damit kann man schon ein gutes Gespräch anfangen.

13 Wir und der Rest

Unser Empfang hat außer mir noch mehrere, allerdings weibliche Mitarbeiterinnen. Wir bieten natürlich einen gehobenen Standard in unserer Abteilung. Ein guter Service mit kompetentem Auftreten ist bei uns selbstverständlich. Wir sind allzeit bereit, die geforderten Auskünfte zügig zu erteilen, und helfen, wo immer wir auch können. Ich z. B. lege abends sehr viel Wert auf bereit gestellte Rollstühle, um hereinkommende gehunfähige Patienten schnell und schmerzfrei weiterleiten zu können. Dafür unternehme ich bei Dienstantritt einen Rundgang über die einzelnen Stationen, um mir besagte Rollstühle zu suchen. Denn hochtragen kann, und darf ich Patienten mit Knickfuß nicht zur Ambulanz. Und einem eventuellen Begleiter möchte ich diese Belastung auch nicht zumuten. Wir dürfen unseren Arbeitsplatz nur im äußersten Notfall, vielleicht auch für den Gang zur Toilette, verlassen. Bevor ich bei Arbeitsbeginn meinen Rundgang starte, erzählt mir meine Spätdienstkollegin, dass sie eben einen blinden, jungen Mann zum Notdienst gebracht habe. Auf meine Bemerkung hin, dass wir doch unseren Arbeitsplatz nicht verlassen sollen, meinte sie halt nur „Ja das musste sein, der hätte sich im Leben nicht hier im Haus zurechtgefunden. Ich erkenne das wohl, wenn ein Blinder hilflos ist, denn ich habe auch privat mit Blinden zu tun, und weiß, wie man sich da zu verhalten hat." Bei soviel Diensteifer gegenüber Blinden kann ich nur vor Neid erblassen. Nun gut. Ich frage mich dann nur, wie der Knabe es dann bis zu unserer Theke am Empfang geschafft hat?

Die Kollegin wird ihn doch wohl nicht, ihrer inneren Stimme gehorchend, vom Bus abgeholt haben. Also habe ich die Kollegin mit dem Samaritersyndrom dann Feierabend machen lassen und wartete auf die nächsten wichtigen Ereignisse. Dieser blinde Patient schaffte es anschließend mit Hilfe des Aufzugs zurück in die Halle, setzte sich an einen der Tische und unterhielt sich mit mehreren jungen Männern am Nachbartisch. Also gut, er ließ sich von den jungen Männern den Weg zur Toilette zeigen, fand aber alleine unfallfrei wieder zurück zu seinem Tisch. Dann stellte er eine Kerze auf seinen Tisch und zündete sie an, warum er das machte? Keine Ahnung. Ich musste ihm dann leider zurufen, dass offenes Feuer im Krankenhaus nicht geht, also ausblasen. Hat er auch geschafft. Nachdem er sich eine Zeit lang dort aufgehalten hat, kam er zu mir:

„Ein Bett?" war seine Frage, da konnte ich ihm sagen, dass ich leider kein Bett für ihn habe. Der Arzt hatte ihn doch untersucht und er sei nicht so krank, um hier zu bleiben. „Trotzdem ein Bett" meinte er. „Ich habe hier kein Bett" war meine Entgegnung. Er sagt dann: kurz „Ordnungsamt rufen", dann „Bett in Wärmestube". Man merkte an seinen Äußerungen, dass er nicht von hier war. Ich habe natürlich seiner Aufforderung Folge geleistet, und bei der Rettungsleitstelle um einen Ordnungsbeamten gebeten. Der wiederum meldete sich kurz danach bei mir und fragte nach. Ich erzähle ihm von dem jungen

Mann und seinen Wünschen. „Wie sieht er aus?" Ich beschrieb ihn dann:" Dunkelhäutig mit krausem Haar und Bart. Er sagt, dass er blind sei, und er möchte ein Bett in der Wärmestube." Der Ordnungsbeamte wollte nun reinkommen, und erklärte mir dann, dass dieser Knabe ein alter Bekannter von ihm sei, der ihn vorgestern auch schon benutzt hat. Er nahm ihn dann auch mit, allerdings führte er ihn nicht an der Hand, sondern ließ ihn einfach alleine laufen. Wenn ich das doch meiner Kollegin erzählen könnte, dass dieses alles ohne ihre Samaritertätigkeit geklappt hat. Als ich sie 2 Wochen später wieder bei einer Ablösung sah, war das Thema aber nicht wichtig genug, um ihr das Samaritertum schlecht zu reden. Außerdem hat sie ihre guten Werke sicherlich schon wieder vergessen. Das ist so bei Samaritern. Aber mit Blinden kann sie gut. Sagt sie.

Freitagabend, bzw. Nacht. Genau die richtige Zeit für Menschen, mit ihren gesammelten Entzündungen das nächstgelegene Krankenhaus aufzusuchen. Wahrscheinlich haben sämtliche niedergelassene Ärzte heute überraschend Urlaub genommen. Denn eigentlich hätten sich eben diese Ärzte heute so was von gesundstoßen können an diesen Patienten. Nun ja, wir sind ja auch noch da. Wenn wir auch nicht viel an ihnen verdienen, aber wir können beweisen, wie gut wir sind. Heute Abend konnte ich zumindest zwei Patienten zum Notdienst weiterleiten, von denen eine Dame wirklich eine ganz schwerwiegende Entzündung vorzuweisen hatte. Sie streckt mir ihre Hand entgegen, um auf „Herpes" an einem ihrer

Finger aufmerksam zu machen. Der muss sich innerhalb der letzten fünf Tage ganz spontan entwickelt haben. Die Arzthelferin, die ich bei ihrem Dienstende fragen konnte, konnte den Herpes leider nicht bestätigen. Also war es nur eine kleine, unbedeutende Macke am Finger. Da muss man froh sein, dass sich diese Macke nicht über den halben Körper ausgebreitet hat. Um das zu verhindern, ist sie bestimmt zu uns gekommen.

Um ca. 23.00 Uhr kam dann ein halber Bus mit Entzündungen. Ein Familienausflug mit einem Mann an Krücken. „Nein, er ist nicht gestürzt", kam die Antwort auf meine Frage. „Sein Fuß ist ganz schlimm entzündet, und sein Rücken tut auch schon seit Tagen weh", dann noch ein junger Mann mit einem dicken Ohrläppchen, welches auch wohl entzündet sein könnte. Ich weiß natürlich nicht, womit man ihn behandelt hat. Woher auch? Nach zweieinhalb Stunden konnte er das Haus wieder verlassen. Kein Wunder, dass es so lange gedauert hat, denn er war nur einer von Vielen. Der nächste entzündete Fuß humpelte kurz nach dem Ohrlappen, in Begleitung seiner Frau, herein. Meine eindringliche Frage nach einem Unfall musste auch dieser Mann verneinen. Eben wegen der Entzündung. Zusätzlich gab es noch einen Verdacht auf eine weibliche Handfraktur, ein ganz übel gestoßener Zeh (ohne Entzündung) und einen defekten Arm. Desweiteren drei junge kichernde Hühner, von denen eines einen leichten Verkehrsunfall hatte. Nicht zu vergessen die selbst diagnostizierten männlichen Magenschmerzen, die sich bei gründlicher Untersuchung als älterer Herzinfarkt herausstellten.

Ich bin so froh, dass wir heute alle unsere Daseinsberechtigung wieder mal erfahren durften. Denn ich durfte für eine schlimme Fraktur abends noch das OP-Team zusammentrommeln. Außerdem gab dann noch diesen Patienten mit Verdacht auf Herzinfarkt, bei dem nachts noch eine Herzkathederuntersuchung vorgenommen wurde. Ich habe auch schon Patienten mit Herzinfarkt kennen gelernt, die zu Fuß hereinkamen, vor mir standen und kaltschweißig aussahen. Kaltschweißig heißt also, richtig krank sein. Die standen dann aber nicht mehr lange, sondern wurden von der Ambulanzschwester auf eine Trage gepackt und nach dem EKG eiligst zur Intensivstation gebracht, um anschließend eine Herzkathederuntersuchung zu bekommen. Solche Leute kommen schon mal auf ihren eigenen Füßen herein, dafür gibt es allerdings im Gegensatz dazu, mickrige Schnittwunden, die es nur noch mit einem Rettungswagen schaffen.

Ein anderer Abend. Um 21.00 Uhr ruft mich eine Frau mit osteuropäischem Akzent an und erzählt mir, dass sie da ein Kind bei sich hat, welches Ohrenschmerzen hat und auch aus dem Ohr blutet. „Und die Mama weint auch immer so." Ich erzählte ihr, dass wir hier keinen HNO-Arzt haben und sie solle doch bitte den ärztlichen Notdienst anrufen. Da könne man ihr einen HNO-Notdienst nennen kann. „Saggen sie Numma noch mal" Habe ich dann prompt erledigt, und schon war das Gespräch erledigt. – Eben nicht. Etwa 30

Minuten später ruft mich der Rettungsdienst an und fragt mich: „Weißt du eventuell, welcher HNO-Arzt heute Notdienst hat, wir haben hier ein sechsjähriges Mädchen mit Ohrenschmerzen?" Ich muss dazu sagen, dass ich einige Leute vom Rettungsdienst aus meiner Tätigkeit im Krankenhaus kenne. Wir haben schon manche Tasse Kaffee gemeinsam getrunken und manches Gummibärchen verzehrt. Ich sage dem Rettungsassistenten also: „Kleines Mädchen mit Ohrenschmerzen und Blut aus dem Ohr, eine weinende, überforderte Mutter und eine Tante mit gebrochenem Deutsch" „Woher weißt du das denn?" kam die erstaunte Frage. Ich erzählte von dem vorherigen Anruf und auch von meinem Hinweis auf die 116 117. Weil ich inzwischen immer noch nicht wusste, welcher HNO-Arzt für den Notdienst ist, hat der Rettungsassistent dann selbst dort angerufen, um den Leuten weiter zu helfen. Denn eine Indikation für einen Rettungswagen war eindeutig nicht gegeben.

Wahrscheinlich wurde die 112 angerufen, weil bei der Notdienstnummer in der Warteschleife für den Ernstfall auf die 112 hingewiesen wird. Da hat die Tante aber irgendwas falsch verstanden. Was dann allerdings Mutter und Tante mit dem kleinen Mädchen nach der Info durch den Rettungsdienst weiter unternommen haben? Keine Ahnung. Was mich immer wieder begeistert, ist die Tatsache, dass die Telefonnummer des Krankenhauses bei unserer Bevölkerung so bekannt ist. Sie ist ja auch ganz gut zu merken, dreistellig mit den zwei Nullen, besser geht es ja nicht. Hier rufen Leute mit den verschiedensten

Anliegen an. Egal, ob sie eine telefonische Diagnose von unseren Ärzten wollen oder eine Frage zur Nebenwirkung eines Medikaments haben. Ganz Pfiffige erfragen auch gerne die Adresse der Notdienstapotheke.

Heute habe ich mich wirklich gewundert. Ich war mit meiner Frau in einem Café hier am Ort. An einem Nachbartisch unterhielten sich mehrere Frauen über diverse Krankheiten. Eine wollte wegen ihrer Krankheit mal im Krankenhaus (also bei uns) erkundigen, wann sie wohl einen Untersuchungstermin beim Professor bekommen könnte. Nur wusste sie beim besten Willen keine Telefonnummer vom Krankenhaus. Komisch nur, dass der halbe Ort unsere Telefonnummer nachts auswendig aufsagen kann. Fast hätte ich mit meinem Wissen geglänzt und hätte ihr die Durchwahl der betreffenden Sekretärin gegeben, aber ich wollte nicht aufdringlich sein und zugeben, gelauscht zu haben. Vielleicht werde ich auch diese Dame irgendwann abends am Telefon an der Stimme erkennen. Aber sie wird bestimmt den ganz normalen Weg über den Hausarzt mit einer Einweisung nehmen. Es gibt schließlich auch rühmliche Ausnahmen. Man glaubt es kaum.

14 Die Anstrengung heißt...

In den 20 Jahren an der Pforte/Empfang sind mir so einige Besucher oder auch Patienten entgegengekommen, die ich mir ohne weiteres merken konnte. Und es war gar nicht so schwer. Manche Patienten besitzen ein unwahrscheinliches Wiedererkennungsmerkmal. Die brennen sich ins Gedächtnis ein. Wenn ich jemandem aus dem Kollegenkreis mal ein Erlebnis erzählt habe, wurde mir schon mal geraten, so eine Geschichte aufzuschreiben. Das habe ich dann auch ab und zu getan. Ich kann diese Geschichten natürlich nur aus meiner Sicht schildern.

Frau K. war so ein Fall. Ich kannte sie eigentlich nur durch Erzählungen aus dem Kolleginnenkreis. Frau K. ist sehr anstrengend, wird mir erzählt. Sei froh, dass Du sie noch nicht kennst, bekomme ich zu hören. Ich bin ja auch froh um jeden anstrengenden Kunden, der mir erspart bleibt. Aber das muss ja nicht so bleiben. Irgendwann steht Frau K. vor mir und sprach mich recht fordernd an. Sie hatte eine dunkle Stimme, die recht harsch klang, dunkle Augen, die mich stechend anguckten. Eine schlanke Frau mit halblangen dunklen Haaren. Ich kannte sie immer noch nicht und fragte sie genauso freundlich, wie ich es bei jedem Patienten mache. „Wie kann ich Ihnen weiterhelfen? Zu einem Arzt wollte sie. Auf meine Frage, welche Fachrichtung sie braucht, wurde mir ziemlich barsch geantwortet, dass mich das nichts angeht. Gut, okay. Ich habe sie dann zur Ambulanz geschickt, nicht ohne die Ambulanz-Schwester zu informieren.

Frau K. eilte somit zur Ambulanz und beanspruchte die Behandlungsräume sofort für sich. Der Arzt sollte nur für sie da sein. Das sah der Arzt natürlich ganz anders und schickte Frau K. zurück in die Warteecke. Die dort wartenden Patienten wurden daraufhin völlig grundlos verbal angegriffen. Nachdem sie ca. eine Stunde später wieder im Obergeschoss herumlamentierte, und sich in voller Lautstärke über Arzt, Schwester und das Leben schlechthin austobte, konnte ich mich wieder auf ihre Anwesenheit einstellen. Sie hat einfach das Wartezimmer wieder verlassen, weil ihr zu viele Patienten auf eine Behandlung warteten. So schlecht ging es ihr anscheinend doch nicht. Ich habe ihr auf Befehl ein Taxi bestellt, und mir anschließend 10 Minuten sinnloses Geschwätz über bestechliche Polizisten und Richter, und natürlich über ihre sonstigen schlechten Erfahrungen angehört. Das Leben war einfach nicht gut zu ihr. Die Menschen waren immer genau so ungerecht zu ihr wie das Leben.

Monate später. Ich komme abends zur Arbeit und will meine Kollegin ablösen. Die erklärt gerade einer Besucherin, dass um diese Uhrzeit kein Bus mehr fährt. Frau K. war mal wieder da, beschimpfte meine Kollegin, weil der Bus nicht mehr fährt und keift so nebenbei herum, dass sie zum Arzt will. Wir schicken sie zum Notdienst. Meine Kollegin machte Feierabend und ich rufe eine Hotline der Busauskunft an. Die Busverbindungen sind an diesem Abend außergewöhnlich blöd, dass ich mich kaum traue, sie alle zu notieren. Aber? Irgendwie muss ich die Frau ja auch gleich wieder loswerden. Ich höre aus dem Obergeschoss die barsche Stimme von Frau K. Der Notdienst arbeitet nicht zu ihrer Zufriedenheit. Er kümmert sich nicht in gebührender Form um sie, das heißt, andere Patienten sind auch vor ihr in der Schlange. Das geht ja gar nicht. Sie pampt Arzt, Helferin und wartende Patienten an, und provoziert durch ihre verbalen Rundumschläge den ND-Arzt so sehr, dass er die Polizei ruft.

Frau K. verschwindet daraufhin von dort, um anschließend die Notaufnahme aufzusuchen. Sie inspiziert sofort ganz frech die einzelnen Ambulanz-Räume inklusive der darin wartenden Patienten auf der Suche nach dem Arzt. Der wiederum ist angesäuert ob dieser Dreistigkeit und wirft die Dame aus der Ambulanz. Im Wartezimmer geht das Elend weiter. Randale, wohin das Ohr hört. Die inzwischen eingetroffene Polizei kommt gerade noch rechtzeitig, um das inzwischen ausgesprochene Hausverbot umzusetzen. Ich hingegen sitze da mit meinen sauber aufgeschriebenen Busverbindungen und kann nur noch zusehen, wie Frau K. laut protestierend abgeführt wird. Die Polizei, unser Freund und Helfer.

Vor ein paar Monaten hatte ich mein letztes Erlebnis mit ihr. Meine Kollegin erzählte mir, dass diese Patientin wieder mal die Ambulanz aufgemischt hat und von Polizei und Ordnungsamt in die Psychiatrie geschickt wurde. Das hat nicht lange angehalten. Denn in meinem Nachtdienst schlug sie mal wieder hier auf. Der Taxifahrer, der sie hereinbrachte, kam mit einem gequälten Gesichtsausdruck zu mir und sagte: „Wenn die Tante gleich ein Taxi will, brauchst Du mich nicht anrufen" Als Frau K. dann zu mir kam, brauchte ich gar nicht nach ihrem Arztwunsch zu fragen. Mir wurde sofort mit ihrer barschen Stimme gesagt, dass ich ruhig die Polizei rufen könnte. Das würde ich ja sowieso machen wollen. Da sie anscheinend nur eine Randale und keine Behandlung wollte, habe ich zuerst mal das Hausverbot erneuert, welches ja Dr. B. in der Ambulanz schon mal ausgesprochen hat.

Sie ging nach draußen, beobachtete mich eindringlich durch die Fensterscheibe, um allerdings nach zehn Minuten wieder zu erscheinen. Sie nahm unser Hausverbot anscheinend nicht ernst. Ich sah wohl so aus, als ob ich unbedingt von ihr beschimpft werden wollte. Sie drohte mir mit ihrem guten Gedächtnis, denn sie hat sich meinen Namen gemerkt. Mein Benehmen, welches ich ihr gegenüber an den Tag gelegt habe, werde ich noch bereuen. Bei so viel Motivation habe ich ihr dann die Polizei gerufen, um ihr endlich weiter zu helfen. Des Patienten Wille ist uns ein Befehl. In diesem Falle war es mir ein inneres Mettbrötchen. Die Polizei kam und nahm sie mit nach draußen. Das war mein letzter Kontakt mit Frau K. Vielleicht nimmt sie ja ihre Tabletten jetzt regelmäßiger.

Aus den vorher gewesenen Treffen weiß ich wohl, dass dieses der Grund für ihre offenkundigen psychischen Probleme war. Es gibt auch noch eine Dame, für die müsste ich mich fremd schämen. Für eine Mitarbeiterin aus unserem Hause. In leitender

Stellung im Einkauf durfte ich mich auch schon mal schämen. Weil diese Kollegin, die allerdings nur tagsüber arbeitet, weswegen ich sie nicht kenne, es nicht hinkriegt, sich ordentlich bei mir zu melden, als sie mit ihrem erwachsenen Sohn als Patient hier auftaucht. Nach 22.00 Uhr geht sie, ohne mich eines Blickes zu würdigen, an mir vorbei. Da sie mich einfach nicht sieht, ergriff ich die Initiative und wünschte ihr einen guten Abend, nicht, ohne sie zu fragen: „Wo möchten Sie denn hin?" Keine Reaktion von ihr, so dass ich noch einmal, etwas lauter fragte: "Sagen Sie mir bitte, wo Sie hinwollen?" Ein angesäuertes Gesicht schaute mich genervt an und erzählte dann widerwillig, dass ihr Sohn Rippenprobleme hätte. „Gut, dann nehmen Sie doch bitte im Wartezimmer der Notaufnahme Platz, ich sage dem zuständigen Arzt Bescheid."

Später hörte ich von Sr. K. L. aus der Notaufnahme, dass diese Dame tagsüber die Verwalterin unserer Büroklammern ist. Gut, dass ich für diese entfernte Kollegin unseren Chirurgen sofort gerufen habe. Schließlich hatte der Sohn Rippenprobleme. Ich finde es unmöglich, dass eine leitende Mitarbeiterin aus unserem Hause sich nicht beim Empfang anmeldet, wenn sie mit einem Patienten vorbeigeht. Die Öffnungs- bzw. Besuchszeit ist um 22.00 Uhr seit 90 Minuten vorbei, da gebietet es der Anstand, sich kurz anzumelden. Und sie trabt einfach an mir vorbei und scheint noch offensichtlich genervt zu sein, wann man höflich nachfragt.

Die Rippenprobleme waren anscheinend wohl überbewertet, denn nach einer halben Stunde waren Mutter und Sohn grußlos wieder weg. Eigentlich sollte man bei einer einigermaßen vernünftigen Person mittleren Alters einen Lerneffekt vermuten können. Klappt bei dieser Dame aber nicht. Genauso ein Erlebnis hatte ich vor ca. 10 Jahren mit dieser Kundin schon einmal. Auch damals kam sie mit ihrem Sohn am späten Abend, ohne sich am Empfang zu melden, herein. Ähnlicher Wortwechsel wie heute Abend. Damals waren es wohl Ohrenschmerzen bei dem damals Halbwüchsigen, wenn mich nicht alles täuscht. Die Gute ist wohl etwas lernresistent. Da kann man nur hoffen, dass der Sohn sich seine Vorbilder an anderer Stelle sucht. Eine renitente Mutter ist nicht so toll. Andere haben zumindest ihre psychischen Probleme als Ausrede, wenn sie unverschämt werden.

15 Ganz viele Nationen

Heute Abend um ca. 22.00 Uhr fährt ein RTW vor mit zwei Patienten, die, wie ich hinterher höre, syrische Flüchtlinge sind, die geschlagen wurden. Die Integrationsbetreuerin meldet sich anschließend telefonisch bei mir und möchte wissen, wann sie diese von Neo-Nazis geschlagenen Asylsuchenden wieder abholen könnte. Da in der Ambulanz sehr viele Patienten sind, u. a. ist um 23.00 Uhr ein junger türkischer Mann gekommen, der wegen seines Asthmaleidens einen Arzt braucht, kann ich ihr da keine verbindliche Antwort geben. Nachdem ich mich erkundigen konnte, rufe ich die Dame wieder zurück, gebe ihr die Auskunft und sie kündigt ihr baldiges Kommen an. Als sie dann da ist, wird sie von mir zur Notaufnahme geschickt, wo sie ihre Schützlinge bestimmt bald in Empfang nehmen kann. In der Warteecke sieht sie die zehn Begleiter des türkischen Asthmaleidens, fast alle türkischer Herkunft. Die Begleiter sind mir beim Hereinkommen nicht unangenehm aufgefallen. Sie kamen zwischendurch aus dem Wartezimmer immer wieder zu mir in den Eingangsbereich, versorgten sich am Automaten mit Getränken und hielten sich dann rauchend draußen vor dem Eingang auf.

Was ich nicht wusste, war die Tatsache, dass die eingelieferten, geschlagenen Geflüchteten von diesen jungen Männern zusammengeschlagen wurden. Die Betreuerin hat die Schläger auf dem Flur vor der Notaufnahme wiedererkannt und sofort die Polizei informiert. Als sie mir das anschließend erzählte, kam die Polizei auch schon vorgefahren. Gut, dass die jungen Geschlagenen zumindest ihre Betreuerin hatten, die sich um alles kümmerte. Sie selber hätten es aufgrund ihrer Sprachbarriere nicht gekonnt. Haben wir also in der Nachbarschaft türkische Neo-Nazis, die sich an syrischen Geflüchteten austoben. Dabei bin ich eigentlich der Meinung, dass sich das Alles in sich selbst widerspricht. Neo-Nazis, die türkischer Herkunft sind, das hat schon was. Und das zu einer Zeit, wo in einer großen deutschen Tageszeitung ein Nachruf zu lesen ist, für einen kleinen syrischen dreijährigen Jungen, der mit seiner Familie geflüchtet ist, wahrscheinlich mit einem minderwertigen Schiff unterging, und anschließend tot an einem türkischen Strand angeschwemmt wurde.

Diese jungen eventuellen Deutschen türkischer Herkunft, die wahrscheinlich in zweiter oder dritter Generation hier in Deutschland gut leben, können sich doch nicht einfach anmaßen, syrische Menschen, die einen langen, gefährlichen Weg zu uns hinter sich haben, zu traktieren. Kein Mensch hat das Recht, so etwas zu tun. Dann hat einer dieser Jungs noch die Frechheit, sich von unserem Arzt unbedingt eine Kopfwunde attestieren zu lassen, die angeblich von dieser „Schlägerei" kommt. Dann kann er nämlich behaupten, geschlagen worden zu sein, um sich anschließend wehren zu müssen. Zusätzlich wird da noch ein Asthma-Anfall simuliert, nur um einen Arzt zu sehen. Wie krank ist das eigentlich? Man sollte die türkischen Eltern dieses „Möchtegern-Naziclubs" mal informieren, was ihre Sprösslinge so in ihrer Freizeit treiben. Vielleicht würden diese Eltern sogar vor Scham im Boden versinken wollen, wenn sie wüssten, was da so läuft. Es ist einfach traurig und diese jungen Leute sollten sich in Grund und Boden schämen.

Seit einiger Zeit wurde Frau T. immer mal wieder von einem ihrer drei Söhne ins Krankenhaus gebracht. Sie ist eine türkische Frau und wird von ihren Söhnen in Abständen von zwei bis drei Monaten mit Bauch- oder Herzschmerzen zur Ambulanz gebracht. Ich kenne eigentlich nur die Söhne, weil Mutter sich meistens verschmerzt im Hintergrund aufhält und leidet. Eigentlich ist mir diese Familie nie besonders aufgefallen. Nun war Frau T. seit ca. 3 Wochen stationäre Patientin und wurde fleißig von ihren Söhnen und dem Rest der Verwandtschaft besucht. Das ist durchaus nicht ungewöhnlich. Die Uhrzeiten wurden allerdings irgendwann doch ungewöhnlich. Um 23.00 Uhr noch mal nach Mutter schauen. Da habe ich dann doch einen fragenden Gesichtsausdruck und höre dann, dass es Frau T. nicht gut geht und dass man mit Allem rechnen muss. In solchen Fällen gilt natürlich ein 24 Stunden-Besuchsrecht. Eines Abends kommt dann der jüngste Sohn zu mir und erzählt mit in einem sehr netten, ruhigen Gespräch, dass Mutter im Sterben liegt. Eigentlich wäre sie noch zu jung zum Sterben, weil sie doch gerade erst 70 Jahre alt ist. Aber die Ärzte haben gesagt, dass Herz und Nieren ihren Dienst verweigern und dass es nicht mehr lange dauern kann.

Wir haben uns dann über den Tod von Müttern unterhalten, denn ich konnte mit ihm über die Erfahrungen mit meinen Eltern reden. Unsere Mütter hatten ein ähnliches Krankheitsbild, nur meine Mutter war 86 Jahre alt. Wir konnten uns sehr angenehm unterhalten, ohne emotionales Hin und Her von seiner Seite. Ich habe ihn dann bald nach oben zur Station geschickt, dass Mutter nicht noch länger auf ihn warten muss. Er war dann noch einige Zeit bei ihr und ging mit einem freundlichen „Tschüss" nach Hause. Ich glaube, dass ihm unser Gespräch gutgetan hat. Seine Mutter ist dann in der Nacht gestorben, im Beisein ihrer Schwestern. Als die Söhne dann anschließend kamen, um Abschied zu nehmen, reichte schon ein einfach „Hallo und mein herzliches Beileid", denn schließlich war ich ja eingeweiht. Dieses „Herzliche Beileid" habe ich auch ehrlich gemeint. Ansonsten habe ich es nicht so mit übertriebenem Mitleid, weil ich einfach meine, dass man mir diese aufgesetzte Traurigkeit nicht unbedingt glauben kann. Bei Familie T. war es eben dieses Mal ganz anders.

Ich habe, bedingt durch andere Mentalitäten, schon wesentlich lautere Trauerfälle erlebt. Es gibt natürlich in manchen Fällen auch besondere Tragiken, die ich in meinen Beileidsbekundungen dann berücksichtige. Nur: ich kann nicht mit jedem Hinterbliebenen weinen. Dieses hier war eine ganz andere Erfahrung. Niemals hätte ich mir vorstellen können, dass man als Mitarbeiter an der Pforte eines Krankenhauses einen dermaßen, abwechslungsreichen Job hat. Meine

Kolleginnen und ich haben zwar einen sogenannten Einzelarbeitsplatz. Wir arbeiten also immer alleine, und sehen uns nur zu den Übergabezeiten beim Schichtwechsel. Ich habe immer behauptet, dass meine Kollegen die Nachtdienstleute der verschiedenen Stationen bzw. Abteilungen sind. Mit den Schwestern und Pflegern der Ambulanz arbeite ich immer ziemlich eng zusammen. Ebenso mit den Ärzten und Ärztinnen, die im Nachtdienst arbeiten. Als die Pforte noch in der Nähe der Ambulanz lag, konnte ich den Nachtdienstlern noch ein wenig zuarbeiten. Man konnte helfen, sei es durch einen Kaffee oder Tee zwischendurch oder einfach nur mit einem Gummibärchen im vorbeigehen. Bei viel Stress, z. B. am Wochenende habe ich auch einfach nur mal die bereitgestellten Müllbeutel der Ambulanz entsorgt. Man half sich eben gegenseitig, das war einfach selbstverständlich. Ich konnte und kann immer noch nette Kontakte knüpfen.

Wenn ein Arzt zwischen zwei Rettungswagen eine kleine Pause suchte, wusste er, bei mir findet er sie. (Gummibärchen etc.) Ich hätte mir früher nie vorstellen können, dass ich mich mit den vielen Ärzten so schnell duzen könnte, aber beim Kaffee, in der Nacht ergibt sich das schon mal. Zumal der nächste angekündigte Rettungswagen vielleicht auch mal länger braucht. In den letzten Jahren lernte ich so viele nette Arbeitskollegen aller möglichen Fachrichtungen kennen. Ich kann die Namen und verschiedenen Nationen gar nicht alle aufzählen, mehrere Birgits, Ilona, Hannelore, Marianne, Anne,

Ines, die Bettinas, Mechtild, Lisa, Marietheres, Manuel, die Julias, Jan, Klara, Gabor, Andreas, Claudia, Safar, Yassin Fritz, Omar, Karim, Janina, Anke, Viola, Marc, Normann, Heiko, Sven, Marko, Johann, Silvia, Mohammed, Sinan, Mesut, die Katrins, Karsten und Carsten, Henrike, Meike, Björn, Jörg, Anu, Jewgenij, Stefanie, Mona, die Sandras, Matthias, Sabine, die Evas, Caro, die ganzen Christians oder Martins, oder die Thomasse, sie, und viele andere sind mir als sehr angenehme Arbeitskollegen einer anderen Kategorie in Erinnerung geblieben. Mittlerweile kenne ich in halb Deutschland, in verschiedenen Kliniken, ganz viele Oberärzte, die alle nachts bei mir pausierten, mit Gummibärchen, Tee oder Kaffee. Dann war da noch der Oberarzt Tobias, das war immer mein Bester, egal in welcher Position. Der hatte sogar einen Flugschein. Von ihm bekam ich auch oft Urlaubsbilder gezeigt, z. B. die herrlichen Schnorchelfotos aus der Südsee.

Viele Assistenzärzte von früher, die ich noch als Ärzte im Praktikum kennen lernte, schafften irgendwann die Beförderung zum Oberarzt. Ich fühlte mich z. B. bei Marc Sch. genötigt, ihm nach seinem Aufstieg zum Oberarzt das „Sie" anzubieten. „Nein" sagte er damals zu mir: „Das bleibt genauso wie es ist." Fand ich sehr souverän von ihm. Der Rang hätte ihm ja auch zu Kopf steigen können. Mittlerweile gibt es einige Oberärzte im Haus, die sich von mir kleinem Pfortenmitarbeiter duzen lassen. Da ich sie nachts nicht mehr so oft sehe, sondern nur, wenn sie für Notfälle in ihrem Dienst hereinkommen müssen, ist der Kontakt nicht mehr so oft wie früher. Trotzdem erkenne ich da keine Entfremdung, der Umgangston ist kumpelig wie früher.

Es gibt einen von ihnen, mit dem ich von Anfang an sehr gut zusammengearbeitet habe. Wir haben nachts auch bei wenig Arbeit lange Zeit beieinandergesessen und über Gott und die Welt geredet. Dabei ganz viele Gummibärchen gegessen, und viele Tassen Kaffee getrunken, bis dann wirklich kein Kunde mehr kam. Das war dann irgendwann vorbei. Nach langen Jahren machte er in einem anderen Krankenhaus seine Facharztausbildung für zwei Jahre, kam aber anschließend als Oberarzt wieder zurück. Seitdem haben wir ab und zu einen distanzierten Kontakt per Telefon, allerdings gesehen habe ich ihn anschließend nie wieder, eventuell zwischendurch in weiter Ferne. Warum das so ist, weiß ich nicht. Ich habe ihm nichts angetan. Wahrscheinlich ist es ihm peinlich, sich nicht wieder bei mir eingefunden zu haben. Ich weiß es aber nicht, und mittlerweile ist es mir auch egal, Da lobe ich mir die Leute, die mich auch nach langen Jahren noch wiedererkennen. Ich kann auf jeden Fall behaupten, dass ich in allen möglichen anderen Krankenhäusern Ärzte kenne, oder vielleicht auch niedergelassene Ärzte aller Fachrichtungen in ihren eigenen Praxen. Da pfeife ich doch auf den Einen, der mich anscheinend nicht zu würdigen wusste.

30. November, wir haben den 1. Advent. Meine Kollegin hat mir hier einen Adventskranz hindekoriert, und mich gebeten, ab Mitternacht die erste Kerze (natürlich mit Batterie und Flackerlicht) einzuschalten. OK, das habe ich dann auch gemacht. Wir haben es jetzt ganz adventlich kuschelig, bei uns kann es sich wohlgefühlt werden. Jetzt fängt die Vorbereitung auf das Fest der Liebe an. Am 1. Advent um 3.00 Uhr morgens kommt eine Frau, ca. 30 Jahre alt zu mir, und möchte zum ärztlichen Notdienst. Der hat nun leider seit gestern Abend um 22.00 Uhr Feierabend. Das war ihr nicht bewusst, und es steht ja auch kaum in den Tageszeitungen. Ich habe sie aber beruhigt und ihr mitgeteilt, dass unsere Notaufnahme zu jeder Zeit dienstbereit ist. Ein überraschter Blick? „Ach, Notaufnahme? Na gut." Ich konnte ihr noch entlocken, dass sie da hinten im Hals ganz weiß ist, und es ihr schon an die Luft geht. Das hat sie auch schon seit gestern. Ich habe sie also zur Ambulanz geschickt, und Sr. K.W. von der Ambulanz mitgeteilt, welche Symptome da auf sie zukommen. Die Schwester stellte dann ziemlich gleichmütig fest, dass sie auch schon lange keinen idiotischen 4.00 Uhr Patienten mehr hatte.

Ich habe diese Patientin, die mit ihren lange andauernden Problemen dann auch bei unserer Internistin, mit den entsprechenden Bemerkungen, angekündigt. Frau Dr. ist trotzdem sofort gekommen, nicht dass aus dem weißen Hals noch eine Atemnot wird. Wir bereiten uns also auf die Gnaden bringende

Weihnachtszeit vor und sind nachsichtig mit der nächsten Patientin, die um 3.10 Uhr hier erscheint. „Schmerzen im Unterbauch. Ja wo denn, links oder rechts. Wo ist denn noch mal rechts?" Sie schaute an sich herunter und stellte fest: "Rechts im Unterbauch." Na gut, „Seit wann haben Sie denn die Schmerzen?" fragte ich sie. „Den ganzen Tag schon." „Ach so, seit Mitternacht?" „Nein, nein, also gestern den ganzen Tag". Da hat sie aber lange ausgehalten. Ich erklärte ihr den Weg zur Notaufnahme, lasse nebenbei den zu Ende gerauchten Ehemann des Unterbauchs herein und kündige den nächsten 3.00 Uhr Patienten bei dem Chirurgen an. Sr. K.W. ist in dieser Nacht Kummer gewohnt und nimmt auch diese Patientin wohlwollend entgegen. (Wir haben Advent) Gleich ist es 4.00 Uhr und ich bin mal gespannt, wer gleich bei uns aufschlägt. Nicht, dass es uns an Arbeit mangelt.

Zwischendurch haben noch zwei Rettungswagen ihre Ladung hier entsorgt, und das Operationsteam hat sich nach nächtlicher Appendektomie (Blinddarmentfernung) auch schon wieder auf die Bereitschaftszimmer, bzw. nach Hause verzogen. „Gute Nacht." Ach übrigens, die Patientin mit dem weißen Innenhals (ohne anschließende Atemnot) hat anschließend gut behandelt und freundlich lächelnd, hoffentlich geheilt, mit einem netten „Dankeschön" in meine Richtung, das Haus verlassen. Dabei habe ich persönlich doch kaum etwas für sie getan. Jetzt warte ich nur noch auf den weiblichen Unterbauch von 3.10 Uhr. Die Dame geht um 4.30 Uhr mit Ehemann im

Schlepptau, wieder nach Hause, mit einem Notfallbehandlungsschein für den Hausarzt in der Hand. Den braucht der Hausarzt für die Weiterbehandlung. Dieses Mal gab es kein freundliches „Dankeschön" für mich, sondern nur vom Ehemann ein knappes „Wiedersehen". Eilt aber nicht.

Wir haben den zweiten Weihnachtstag, bzw. die Nacht vom ersten auf den zweiten und es ist kurios, wie schon öfter, nur halt etwas weihnachtlicher. Das Fest der Liebe und der Gallenkoliken. Abgesehen von der Frau, die mich um ca. 3.00 Uhr anruft, um einen Arzt danach zu fragen, ob sie irgendeine Tablette zweimal nehmen darf, gibt es auch noch andere Highlights. Die Frau von 3.00 Uhr hat den Beipackzettel der besagten Tabletten verloren, und denkt wahrscheinlich, dass meine Dienst habende Internistin sich gerne wegen dieser dringenden Frage wecken lässt. Schließlich schläft meine Internistin schon seit einer halben Stunde, nachdem sie eine 18-jährige wegen einer Blasenentzündung behandelt hat. Diese wurde von Mutti um 1.30 Uhr beim Freund abgeholt und zum Krankenhaus gebracht. Wie schön, dass man Mutti hat. Ich sage der 3.00 Uhr Dame, dass unsere Ärzte den Patienten bei irgendwelchen Ratschlägen lieber in die Augen schauen. Daraufhin kommt die Antwort, dass sie das mit den Tabletten genauso gut im Internet nachsehen kann. Das hat mit dieser Einsicht aber lange gedauert. Andere machen so etwas automatisch.

Dafür erscheint um 4.30 Uhr ein Ehepaar, wünscht mir ganz nett „Frohe Weihnachten" und sie sagt mit einem entzückenden Lächeln: „Ich habe heute einen Truthahn in den Ofen geschoben, und dabei festgestellt, dass mir mein Handgelenk weh tut. Es wird wohl eine Sehnenscheidenentzündung sein, glaube ich." Meine Gesichtszüge sind selbstverständlich nicht entgleist, vielmehr habe ich gerne den Weg zur Ambulanz gezeigt, damit diese akute Sehnenscheidenentzündung schnell versorgt wird. Es bleibt nur zu hoffen, dass der Chirurg, den ich dafür wecken musste, ihr einen ordentlichen Verband anlegt. Man muss einen derart malträtierten Arm bestimmt ruhigstellen, damit er wieder vollkommen in Ordnung kommt. Der Ehemann, wenn er ein guter ist, wird dann hoffentlich den Rest der Woche Haushalt, Ehefrau und Truthahn versorgen, als wenn er nie etwas anderes gemacht hätte. Zehn Minuten später wankt dann eine ältere Frau auf meinen Arbeitsplatz zu, um mir mitzuteilen, dass sie Schmerzen im unteren Bauch hat. „Das ist garantiert eine Eierstockentzündung." Sagte sie. Auch sie schickte ich zum Ambulanzpfleger, der sich mittlerweile von mir gemobbt fühlt. Dabei stelle ich mich doch nicht auf die Straße, um die Leute einzufangen. Ich bin doch kein Türsteher auf der Reeperbahn. Nein, diese Leute kommen von ganz alleine. Und warum? Weil wir gut sind. Weil die Leute uns wollen. Die Sehnenscheidenentzündung geht übrigens um 5.15 Uhr nach Hause, wünscht mir noch einen schönen Tag und freut sich anscheinend über ihren tollen Verband. Zu Weihnachten lassen wir uns nicht lumpen, da kommt es uns nicht drauf an. Und schon wieder konnten wir einen neuen Fan für uns begeistern.

Weihnachten ist vorbei. Die Nacht von Samstag auf den Sonntag ist bisher vielversprechend gelaufen. Man könnte meinen, dass sich alle möglichen Leute über die Feiertage geschleppt haben, um heute Nacht hier bei uns aufzuschlagen. Der ärztliche Notdienst hatte schon den ganzen Tag über reichlich zu tun. Auch abends kamen noch einige Patienten, die wahrscheinlich tagsüber noch Wochenendeinkäufe zu erledigen hatten. Und abends dann ins Krankenhaus, da geht immer was. Es ist verwunderlich, welche Krankheitsbilder sich einem hier offenbaren. Nach 22.00 Uhr geht es dann weiter in der Notaufnahme. Ein Ehepaar, welches vorher schon mal beim ärztlichen Notdienst war, kommt anschließen noch einmal. Dieses Mal unbedingt zur Ambulanz. Warum? Keine Ahnung, sie wissen es selbst nicht genau. Die einfache Strukturierung ihres Gemüts lässt keine Selbsteinschätzung ihres Gesundheitszustandes zu. Sie sind einfach unsicher und brauchen eine Ansage. Ich erfahre dann hinterher, dass ihnen geraten wurde, zuerst einmal die vorhandenen Medikamente weiter zu nehmen, und dann am Montag, wenn es sich nicht gebessert hat, den Hausarzt aufzusuchen.

Kurz nach 22.00 Uhr erscheint ein junger Mann, dem es schon länger nicht gut geht. Irgendwie so'n bisschen Fieber und auch Kopf. Außerdem geht es auch wohl auf die Augen. Zwei Stunden später bestellt er, anscheinend nach erfolgreicher Behandlung durch unsere hervorragende Internistin, bei mir ein Taxi, um wieder nach Hause gefahren zu werden. Dass die Augen wieder gut funktionieren, kann ich feststellen, da er sein Smartphone benutzt, um die während der Zwischenzeit eingegangenen Nachrichten nachzulesen. Fast zeitgleich mit ihm kam ein Patient mit einer Blasenentzündung, der ein wenig verschmerzt auch von mir weitergeschickt wurde. Eine Blasenentzündung stelle ich mir auch nicht so einfach vor. Kommt so etwas spontan, oder läuft man da mehrere Tage mit rum, um dann bis Samstagabend zu warten? Die Blase wird mit einem Katheder versehen, fährt nach Hause und kommt um ca. 2.00 Uhr mit seiner Ehefrau und seiner Tasche wieder. Er ist also von uns so begeistert, dass er unbedingt bleiben will. Dann hat sich der Aufwand ja gelohnt. Auch für ihn. Ihm ist also eindeutig bei uns geholfen worden.

Ich könnte Geschichten erzählen ohne Ende. Ach ja, ich bin ja dabei, zu erzählen, z. B. die alte, etwas füllige Dame, die um 2.30 Uhr auf ihren Rollator gestützt, hereinkommt, um zu bleiben. Die Tasche hat sie schon dabei, Fieber hat sie auch dabei, und bei der Feuerwehr hat man ihr gesagt, für Fieber kommen sie nicht mit Blaulicht. Also ist sie zu uns gekommen, weil sie allein zuhause ist. Das hat mir auch die Tochter, die sie zu uns gebracht hat, bestätigt. Um 3.00 Uhr kommt dann noch ein Mann mit Rückenschmerzen in der Nierengegend, die er schon seit drei Tagen mindestens hat. Diese ganzen Leute werden bei uns dermaßen gut behandelt, dass sie auch zu anderen

Zeiten immer wieder gerne zu uns kommen werden. Wir hoffen natürlich, dass zu unserer Arbeitsplatzsicherung unsere guten Taten nicht in Vergessenheit geraten, und wir auch bei lukrativen, lebensrettenden Operationen oder Behandlungen aufgesucht werden. Wir gehen jetzt einfach mal davon aus.

17 Distanzen

Meine letzte Nacht vor dem Jahreswechsel. Dienstagmorgen um 1.00 Uhr ist es absolut ruhig. Abends kamen noch ein paar Patienten für den Notdienst, der wie immer bis 22.00 Uhr bei uns arbeitet, anschließend drei Patienten zur Aufnahme, die mit Magenproblemen zu kämpfen haben. So ein Magen hat schon mal Probleme, die man vielleicht mit einem Tee zur Ordnung rufen könnte. Aber es gibt auch die Möglichkeit, dem Tee aus dem Weg zu gehen, da sucht man sich Hilfe von außerhalb und fährt einfach mal zum: Krankenhaus. Kann ja mal vorkommen und kämpfen kann man eindeutig besser hier als zuhause. Denn hier hat man fachgerechte Anleitung zum Kampf, Hier muss man als magengestörter Mensch auch nicht selbst die Verantwortung für sich tragen, hier gibt es dafür Ärzte und Schwestern. Wie bereits geschrieben, ist es ansonsten ein ruhiger Abend, es wird vielleicht die „ruhige Nacht", die mir immer von den Kollegen gewünscht wird. Das wäre dann eine so genannte „G – Nacht." Eine „G" Nacht ist eine wenig aufwändige Arbeitsnacht, mit Sr. G. in der Ambulanz. Sr. G. hat öfter mal eine ruhige Nachtschicht, ich gönne es ihr kaum. Obwohl, eigentlich ist es mir egal. Alles, was Sr. G. angeht, ist mir eigentlich sehr egal. Mit ihr habe ich früher ebenso gut zusammengearbeitet wie mit ihren anderen Kollegen- und innen aus der Ambulanz. Sie war allerdings meistens nur kontaktfreudig, wenn sie bei mir einen Tee schnorren konnte. Ansonsten zog sie sich in ruhigen Nächten lieber zurück, um irgendwelchen unbekannten administrativen „Arbeiten" nachzugehen. Aber für einen Tee war sie immer zu haben. Wenn sie den letzten Patienten zur Station brachte, kam sie bei mir vorbei und bestellte das heiße Wasser. Ich habe das natürlich gerne für sie gemacht, denn ich freue mich nachts über jede, wenn auch noch so kleine Pause, die die anderen Nachtschichtler bei mir machen können. Dann gibt es immer ein wenig Unterhaltung.

Es ging mit Sr. G. und mir so lange gut, bis ich mit meiner Mutter als Patientin abends um 19.30 Uhr in der Ambulanz auftauchte. Meiner Mutter ging es nicht so gut mit dem Blutdruck, Wasser war in der Lunge und Herzjagen oder so. Eine junge Ambulanzschwester, nämlich Sr. Y. nahm meine Mutter unter ihre Fittiche, wollte Blut abnehmen, fand aber keine Vene. Anstatt als ältere Krankenschwester ihrer jungen Kollegin zu helfen, weil die junge Schwester um 20.00 Uhr Feierabend machen musste, fand von Seiten der Sr. G. nichts statt. Meine Mutter, die ja nun schließlich Patientin war, blieb bis 21.00 Uhr ohne Betreuung. Es war zu viel zu tun für die verbliebene Sr., da außer meiner Mutter noch ca. drei Patienten in den Aufnahmeräumen bearbeitet wurden. Als Schwester K.L. um 21.00 Uhr zum Nachtdienst erschien, bat ich sie, doch mal nach meiner alten Dame zu sehen. Das passierte dann auch zügig, erstens ist Sr. K.L. motiviert, und eine gute Schwester und Kollegin, zweitens kann sie einfach zügig arbeiten. Blut abnehmen, ab zum Labor damit, Arzt dazu rufen,

Mutter auf die Station. So geht das! So sollte Sr. G.N. vielleicht einen Nachhilfekurss für Stressbewältigung bei keinem Stress besuchen.

Tage später äußerte ich Sr. G. gegenüber meinen Unmut, denn man soll ja unter Kollegen über Alles reden. „Nein", sagte sie zu mir, das könnte ich nicht beurteilen, denn sie hätte sehr viel zu tun gehabt. Ich zeigte ich mir mein Unverständnis und sagte, dass ich von ihr als Kollegin etwas mehr Elan erwartet hätte. Das sah sie aus ihrer Position natürlich ganz anders. Drei bis vier Wochen später erzählte eine gute Kollegin aus meiner Abteilung, dass Sr. G. sich bei ihr über diesen Vorfall ausgelassen hätte. Die Schuld trug demnach ich selbst, da ich mit meiner Mutter unangemeldet zur Ambulanz gekommen wäre. Was nicht stimmte, denn ich hatte unser Kommen vorher bei der Sr. Y. und beim Internisten vom Dienst angemeldet. Ich weiß doch schließlich, was sich gehört. Also wurden von ihr alle Fakten verdreht, bzw. falsch dargestellt. Irgendwie muss ja ihre Selbstreinigung funktionieren. Da sie also absolute Unwahrheiten über mich, bzw. über diesen Vorfall erzählt, und das sogar in meinem Kollegenkreis, ist diese Dame seitdem für mich komplett erledigt. Natürlich arbeite ich ihr weiterhin zu, das gehört zu meinem Job. Aber Gummibärchen, Tee und Plätzchen gibt es nicht mehr. Nicht mehr für sie. Diese Distanz wahre ich über Jahre und das ist auch gut so. Ich muss noch dazu schreiben, dass ich nicht der Einzige bin, der diese Gedanken hat. Auch meine andere

Nachthälfte, die meine Arbeit macht, wenn ich frei habe, ist bereits mit Sr. G. reingefallen.

An einem anderen Abend als ich meinen Dienst antrete, höre ich von meiner Kollegin, dass eine Krankenschwester, die nachts auf den verschiedenen Stationen als Springer arbeitet, sich krank gemeldet hat. In dieser Nacht haben wir also keinen Springer. Schade. Aber sie hat überraschend ihre Migräne bekommen, und sieht sich nicht in der Lage, zu arbeiten. Wer jemals Migräne hatte, der wird das verstehen. Ich habe nun die traurige Pflicht, die anderen zum Dienst kommenden Nachteulen in Kenntnis zu setzen. Da gibt es die verschiedensten Reaktionen, wie man sich vorstellen kann. Manche nehmen diese schlechte Nachricht gleichmütig hin, bedauern ihre Kollegin wegen ihrer Migräne, und nehmen sich vor, sich alleine durch die Nacht zu kämpfen. Ändern kann man es sowieso nicht mehr. Andere finden es schade und ahnen Böses, wenn sie daran denken, für ihre pflegebedürftigen Patienten eine Kollegin von der gegenüber liegenden Station zur Hilfe zu rufen.

Extrem benachteiligt findet sich ein Pfleger, den ich hier nicht namentlich erwähnen möchte. Noch nicht mal seine Initialen werde ich nennen. Er findet es eine Frechheit, dass die vorgesetzte Leitung für solche unvorhersehbaren Krankheitsfälle keinen Ersatzpool geschaffen hat. Denn gerade auf seiner Station liegen die meisten schwerstpflegebedürftigen Patienten. Sagt er. Die Meisten sind sogar intensivpflichtig. Sagt er. Warum die alle bei ihm liegen, weiß keiner, denn wir haben eine gut besetzte Intensiv-Station. Er muss das jetzt ganz alleine schaffen, evtl. sogar noch bei der Kollegin auf der Nachbarstation mithelfen, denn diese ist ja auch nicht in der Lage, die viele Arbeit alleine zu schaffen. Bleibt nur zu hoffen, dass die Kollegin ihm auch hilft. Seltsamerweise sind alle Nachtkräfte in der gleichen Situation, und helfen sich gegenseitig, ohne auch noch dumme Kommentare abzugeben. Das ist so mit der einen Hand, die auch mal eine andere wäscht. Der Pfleger ohne Anfangsbuchstaben hat außerdem noch die ganze Verwaltungsarbeit zu erledigen, die seine Stationsleitung für ihn übriggelassen hat. Sagt er. Da muss man die Stationsleitung verstehen, dass sie die ganze Arbeit nicht schafft, weil sie sich einen lauen Tag macht. Sagt er. „Ach ja" sagte er, „Ich könnte doch auch mal krank werden. Und dann?" Und bekam einen ganz sehnsüchtigen Gesichtsausdruck.

Da macht es mir ja noch ein bisschen Hoffnung, dass Sr. K.L. von der Notaufnahme nicht hyperventiliert, als ich ihr auch mitteilen muss, dass unser Springer urplötzlich Migräne bekommen hat, und sich deswegen kurzfristig krankmelden musste. Sie nimmt es bei ihrer Nachfrage um 1.00 Uhr auch wegen der fehlenden Möglichkeiten zur Änderung der Situation gelassen hin und beschließt, sich in dieser Nacht als Einzelkämpferin zu versuchen. Ich bin schon sehr beruhigt, dass mein geplagter Kollege nachts nicht kollabierte, und wenigstens eine halbe Stunde seiner kostbaren Zeit privat telefonieren konnte. Ich kann nämlich an meiner Telefonanlage erkennen, wenn ein Gespräch nach außerhalb geführt wird. Aber da hat ihn vielleicht einer seiner zahlreichen ehemals schwer verletzten Patienten bzw. einer der Angehörigen angerufen, um sich vielleicht von ihm Pflegetipps geben zu lassen. Jaahaa so ist das, die Arbeit läuft oder sie telefoniert hinter einem her.

18 Und auch Verstopfungen

Ein ganz normaler Samstagabend im Januar. Es gibt nicht nur „Mainz, wie es singt und lacht". Nein, auch in unserem Ort gibt es so was. Wir freuen uns auch jedes Mal über jeden Patienten. Wir singen und lachen. Und warum? Weil uns dadurch bestätigt wird, dass wir beliebt sind. Und nur gute Leute sind beliebt, bzw. gute Krankenhäuser, so wie wir (hoffe ich zumindest). Da der Abend sehr ruhig angefangen ist, hat sich das Warten gelohnt. Um 22.30 Uhr fährt endlich ein unsichtbarer Bus vor, und lässt heraus, eine Dame, die sich bei mir mit dem Wort „Arbeitsunfall" vorstellt. Ich verzichte darauf, mich mit Namen vorzustellen, denn ich trage ja bereits ein Namensschild. Ich gehe somit von einem Unfall bei der Arbeit aus, und bekomme bei Nachfrage zu hören, dass sie sich die Hand geklemmt hat. (Kommen Sie zu uns, hier werden sie geholfen) Zeitgleich erscheint ein besorgtes Ehepaar, wo sich die männliche Hälfte als Patient outete. Brustschmerz mit Rücken und eine Gesichtshälfte will nicht mehr so richtig, und das seit einer halben Stunde. Zwei Meter hinter den Beiden steht dann noch eine Dame, die Wert auf Diskretion legt, und wartet, bis die Schlange vor ihr sich auflöst. Eilig krank ist sie also nicht. „Ich brauche ein Rezept" sagte sie. Sie lächelte nicht mal verlegen, wie alle anderen, die sonst kommen. Ich fragte sie dann, ob sie das Rezept von einem Chirurgen oder Internisten brauche. Irgendeinen Hinweis brauche ich ja, um die Tante einzusortieren. „Nein, vom Gynäkologen", kam die Antwort. Ja, geht doch, dachte ich mir dann.

Diese ganzen Patienten habe ich dann in einem Sammelanruf sofort bei Sr. S. in der Notaufnahme angemeldet. Da wurde mir sofort gesagt, dass auch zeitnah ein Rettungswagen mit einer Lieferung ins Haus kommt. Als dieser RTW vorfährt, kommt zeitgleich ein besorgter Sohn zu mir und möchte zu Mutter, die gerade angeliefert wurde. Das ist schön, wenn vielleicht ein Angehöriger der Internistin bei der Aufnahme Auskünfte geben kann, falls Mutter nicht fähig dazu ist. Direkt danach erscheint ein älterer Herr, gefolgt von seiner besorgten Frau, gebeugt, verschmerzt, schwitzend und erklärt mir, dass es ihm nicht gut geht, erzählt mir seine Symptome und das er mal Nierensteine hatte. Bevor er mir hier vor der Theke kollabiert, schicke ich die Ehefrau, um einen bereitstehenden Rollstuhl für ihren Mann zu holen. „Nein, den brauche ich nicht", meinte er ganz tapfer. Ich sagte zu ihm: „Wer sichtbar solche Schmerzen hat, wie Sie, kommt hier in einen Rollstuhl. Keine Widerrede!" Er gehorchte, setzte sich und ich bin froh, dem drohenden Kollaps entgangen zu sein. Ab mit ihm zur Ambulanz. Sr. S. wurde sofort informiert. Denn Nierenkoliken schmerzen arg, und Schmerzen muss hier keiner erleiden.

Frau „Arbeitsunfall" verließ uns um kurz nach 23.00 Uhr, lächelte mir freundlich zu und verabschiedete sich. Schauen wir mal, was die Anderen gleich machen. Was heißt hier, die Anderen? Wir haben noch mehr Andere bekommen. Um 23.20 Uhr kommen zwei Damen herein, wovon sich eine als Patientin meldet, die Schmerzen im Arm, im Nacken, und auch überhaupt hat. OK, ich habe es der Sr. S. gesagt. Nachdem der von Sr. S. angekündigte RTW auch anschließend angefahren kam, habe ich das dem Chirurgen gemeldet. Zeitgleich kommt eine junge Frau zu mir, und erklärt mir, dass sie was im Auge habe. „Ich habe aber hier keinen Augenarzt" sage ich, Das weiß sie doch, aber gucken kann ja mal jemand. „Natürlich" Ich schicke Sie zur Ambulanz, melde sie auch dort an, und erkundige mich bei der Notdienstzentrale nach dem augenärztlichen Notdienst. Die Dame von der Notdienstzentrale hat mich nach meinem gestrigen Anruf wiedererkannt, Reiner Zufall, dass ich in diesem Call-Center zwei Mal innerhalb von zwei Tagen mit derselben Gesprächspartnerin telefoniere. Wir haben uns sehr nett unterhalten, Informationen zu unseren Arbeitszeiten ausgetauscht, und festgestellt, dass wir es doch verdammt gut haben, denn es gibt vergleichsweise viel schlimmere Jobs. Ihr Beispiel war dann der Dixi-Klo Reinigungsdienst, wobei ich als Gegenpart den LKW-Fahrer habe, der bei Wind, Wetter auch bei Temperaturen von über 30 Grad in seinem Führerhaus aushalten muss, und zwar mehr als 10,5 Stunden pro Schicht. Ich muss bei diesen Temperaturen tagsüber nur schlafen, ist zwar auch eine Herausforderung, aber machbar. Nebenbei konnte ich noch erfahren, dass die Uni-Klinik in der Nachbarstadt den augenärztlichen Notdienst innehat. Wir haben uns dann nett verabschiedet bis morgen, denn dann haben wir beide auch wieder den gleichen Dienst.

Die Augenpatientin hat sich dann um 0.30 Uhr von mir die Info über die Augenklinik geholt. Die gynäkologische Patientin kam 15 Minuten später mit ihrem Rezept in der Hand und hat sich von mir genaueste Informationen geben lassen über die zwei nächsten Notdienstapotheken, inklusive Telefonnummer und Postleitzahl. Da sie Probleme mit ihrem Handy hatte, fuhr sie einige Zeit später vom Parkplatz. Aber ihr eilt es ja auch nicht so, mit ihrem Rezept, welches ein Gynäkologe wahrscheinlich mit der Pille danach für sie ausgestellt hat. Den Herrn mit der nicht funktionierenden Gesichtshälfte haben wir nach ausgiebiger Behandlung wieder nach Hause geschickt. Eine 90-jährige Patientin, die nach einem Sturz zuhause mit dem RTW gebracht wurde, konnte von den Angehörigen wieder mit nach Hause genommen werden. Es war keine Gehirnerschütterung, was der Sohn allerdings nicht glaubte. Er hätte Mutter lieber bei uns gelassen. Und warum? Jetzt muss er aufpassen, wo wir das doch viel besser können. Alle anderen haben wir behalten, wir können ja nicht „Alle" enttäuschen.

Wieder ein anderer Abend. Von meiner Kollegin wird mir gesagt, dass es nachmittags sehr ruhig gewesen wäre. Die Erfahrung lehrt uns, dass es dann nicht unbedingt für die nachfolgende Nacht auch gelten muss. Wie wahr! Der Abend war sehr abwechslungsreich. Es kamen einige leicht Verletzte herein. Defekte Finger sind heute stark vertreten, egal ob nach Sport oder nach Hantieren mit einem Schneidwerkzeug. Man kann eben nicht alles können.

Im Sport schon gar nicht, und bei Arbeiten im Haushalt passiert jedem schon mal ein Missgeschick. Manchmal reicht eben ein Pflaster nicht aus. Wobei im sportlichen Bereich ja eher die Beine gefährdet sind, denn ein Knickfuß nach Fußball ist, wie heute, immer dabei. Um ca. 23.30 Uhr durfte ich mein seelsorgerisches Geschick wieder unter Beweis stellen. Ein junges Mädchen war am Telefon und machte sich Sorgen um ihre Freundin. Sie weiß nicht, wie sie es sagen soll, aber ihrer Freundin geht es nicht gut. Um ihr weiter zu helfen, muss ich natürlich fragen, um welche Probleme es geht.

„Sie hat seit über einer Woche keinen Stuhlgang mehr."

„Ja, dann kommen Sie doch mit ihr zu uns. Ich schicke sie zum zuständigen Arzt."

„Nein, das geht nicht, meine Mutter schläft schon, und ich möchte sie nicht wecken."

„Wie alt ist ihre Freundin denn?"

„18 Jahre" Nun gut, dachte ich, wenigstens kein Kind mehr, das Mädel dürfen wir behandeln.

„Ja, wenn Sie Ihre Mutter nicht wecken wollen, nehmen Sie doch ein Taxi."

„Dafür habe ich kein Geld, und zu Fuß ist es uns zu weit zum Krankenhaus."

„OK, dann muss Mutter vielleicht doch dran glauben und Sie zu uns bringen."

„Ach, meine Freundin hat ja auch schon ein Medikament genommen, Vielleicht reicht es ja, wenn sie morgen zum Arzt geht."

„Gut, wenn es aber nicht mehr geht, müssen Sie Mutter wecken und mit ihr zu uns kommen. Versprochen?"

„Ja, so machen wir das." Sagte sie und legte auf. Also noch mehr kümmern konnte ich mich da auch nicht mehr, das Mädel wird wohl nicht bis morgen platzen. Und wenn sie kurz vorm Platzen ist, wir sind ja für Notfälle rund um die Uhr besetzt.

Kurz nach diesem ausgiebigen Gespräch habe ich zur Abwechslung einen stationären Patienten am Telefon, der auf ein anderes Zimmer verlegt wurde. Durch die Verlegung hat sich seine Telefonnummer geändert, und er macht sich Sorgen, dass seine Angehörigen ihn telefonisch nicht mehr erreichen können. Ich konnte ihn beruhigen, weil durch Verlegung verursachte Fehlanrufe sowieso bei uns am Empfang landen, wir die aktuelle Telefonnummer herausgeben, bzw. das Gespräch weiter verbinden. Er wollte auf keinen Fall, dass Angehörige zu oft vergeblich anrufen müssen. Es wäre ihm einfach peinlich. Schlussendlich würde vielleicht ein Angehöriger denken, dass ihm etwas passiert ist. Ich konnte ihn beruhigen, habe ihm noch einmal erklärt, wie das alles in diesem Fall bei uns gehandhabt wird, und ihn dann mit einem freundlichen „Gute Nacht" Gruß in den Schlaf geschickt. Als ich anschließend im Computer nachgeschaut habe, mit welchem

Menschen ich gesprochen habe, durfte ich feststellen, dass ich einen „Privatpatienten" glücklich gemacht habe. Vielleicht erzählt er ja morgen dem Chefarzt, wie sehr ich mich um sein Anliegen gekümmert habe. Wobei dieser Service ja selbstverständlich ist. Wir sind zu jedem Patienten freundlich, auch zu privat Versicherten. Denn Patienten sind Kunden. Und wer ist hier König, natürlich der Kunde, wie in jedem anderen Dienstleistungsbetrieb auch.

Der nächste Anruf kommt wieder von außerhalb. Ein Mann hat Kopfschmerzen. Er leidet extrem und hat keine Schmerztabletten zu Hause. Natürlich kann ich ihm die nächste Notdienstapotheke nennen. Da muss er jetzt, mitten in der Nacht ca. 20 Kilometer hinfahren. Man könnte es auch besser treffen. Zuerst sowieso schon schlechte Karten wegen der Schmerzen, und dann auch noch 20 Kilometer bis zu den Schmerztabletten. Aber die Notdienstapotheken sind nicht mehr so leicht erreichbar. Leider! „Die Kosten, die Kosten." Nur der Vollständigkeit halber. Die nächste Nacht, das nächste Glück. Heute um kurz vor 22.00 Uhr ruft die Freundin von gestern Abend wieder an, um mir zu erzählen, dass es der Verstopfung immer noch nicht besser geht. Also hat noch keine Entleerung stattgefunden.

„Ja, dann kommen Sie doch jetzt mit zu uns, der Notdienst ist doch bis 22.00 Uhr hier. Da können Sie sofort hin."

„Ja aber meine Freundin hat sich vor 10 Minuten einen Einlauf gemacht. Und es ist leider noch nichts passiert."

„OK, wenn es erst vor 10 Minuten war, würde ich an Ihrer Stelle vielleicht noch eine halbe Stunde warten, sonst setzt die Wirkung während der Fahrt ein und das wäre fatal."

„Gut, dann warten wir noch ein bisschen und kommen dann eventuell."

Sie kamen dann auch, allerdings nach drei halben Stunden. Die kleine Schwester der Freundin kam auch mit herein, und musste dahin, wo die Patientin angeblich seit einer Woche nicht mehr war. Die Kleine ist dann nach Toilettenbesuch wieder nach draußen zu Mutti ins Auto. Die beiden anderen schickte ich zum Notdienst. Die Frau Dr. stellte allerdings fest, dass sie die Patientin nicht mehr bis 22.00 Uhr heilen kann und schickt sie weiter zur Ambulanz. Das erzählte mir die Ärztin, als sie nach 22.00 Uhr in den Feierabend ging. Ich vermute, dass Sr. K.W. ganz tief Luft geholt hat, als sie von der Verstopfung hörte, denn ich hatte ihr bei Dienstantritt vom gestrigen und auch vom heutigen Anruf erzählt. Wir waren beide der Meinung, dass dieses Problem eigentlich während der letzten Tage auch gut vom Hausarzt hätte gelöst werden können. Er muss eben nur, auch bei Versagen der Medikation, um Rat gefragt werden. Die beiden Mädels sind dann um 23.30 Uhr freundlich „Tschüss" sagend herausgegangen. Das waren dann 24 Stunden unnötige Probleme und für Mutti zwei Stunden

Wartezeit im Auto. Hoffentlich lernen die Mädels aus dieser Verstopfung und lassen beim nächsten Mal den Hausarzt seine Daseinsberechtigung erfahren. Der möchte schließlich auch mal benutzt werden.

Nicht jeder Verstopfte, der zu mir an den Empfang kommt, ist besonders auskunftsfreudig. Wenn da kurz nach Dienstbeginn ein Mann, mittleren Alters vor mir steht, und auf Nachfrage zu mir sagt, dass er da etwas im Körper hat, was nicht herauswill, vermute ich die etwas humorvolle Beschreibung einer Verstopfung. Auf meine vorsichtige Nachfrage wurde mir diese Annahme auch von ihm bestätigt. Nach Weiterleitung zum ärztlichen Notdienst sehe ich ihn auf dem Überwachungsmonitor vor der Tür zur Anmeldung hin- und hergehen. Dann sah ich ihn gar nicht mehr. Als ich die Arzthelferin später fragte, wo der Mann denn geblieben wäre, sagte sie mir, dass er sich nach der Wartezeit noch mal bei ihr gemeldet hat, mit den Worten: „es rutscht jetzt immer mehr rein und tut auch jetzt richtig weh." Also, wenn etwas rein will, kann es doch keine Verstopfung sein.

Als die Helferin sich näher nach seinen Beschwerden erkundigte, erzählte er ihr, was da nicht mehr herauswill. Sie versucht daraufhin, ihre Gesichtszüge nicht unkontrolliert entgleisen zu lassen. Sie sammelte sich zuerst, informierte ihren Notdienstarzt über diesen Patienten und machte sich dann sofort mit dem Patienten auf den Weg zur Ambulanz, damit unser Chirurg ihn auch kennen lernt. Auch ihm sind bei der Schilderung des Patienten die Gesichtszüge entgleist. Das veranlasste den Arzt, ihn ausgiebig zu untersuchen. Solche Symptome bekommt man nicht alle Tage geliefert. Kurz danach darf ich ein Operationsteam zusammentrommeln, damit diesem armen Menschen endlich bei seiner Verstopfung geholfen wird. Nun weiß ich aus den Schilderungen unserer Ärzte um das eine oder andere Malheur. So hatte vor Jahren mal ein Patient über Probleme mit dem Darm geklagt. Auf dem Operationstisch konnte die operierende Ärztin dieses Problem beseitigen, ohne den Darm operativ zu behandeln. Eine festsitzende Verdickung im Darm, bestehend aus im Übermaß genossenen Gummibärchen, wurde von ihr rechtzeitig gesehen, mit der Hand gelöst, und somit im Darm weitergeleitet. Verstopfung gelöst, also auch Problem somit gelöst. So hat sie mir das erzählt. Eigentlich weiß ja jeder, dass Gummibärchen in Flüssigkeit sich ein wenig aufblähen. Dass aber mehr als ein Pfund dieser süßen Teilchen so ein Problem verursachen können, war mir auch neu. Im aktuellen Fall hat unser Operateur die Verstopfung herausgeholt, gesäubert, und dem Besitzer seinen Dildo nach der Narkose zurückgegeben. Natürlich nicht ohne entsprechende Warnhinweise für den nächsten Gebrauch. Kann man in solchem Fall vielleicht auch seinen Apotheker fragen? Der Arzt hat ja jetzt schon seine Warnungen ausgesprochen.

19 Karneval in…

Bei der Befragung hereinkommender Patienten frage ich ja immer nach den aktuellen Problemen. Wenn es welche für die Internisten sind, ist es nicht immer sofort richtig einzusortieren. Ich habe mir angewöhnt, die Angehörigen der Patienten nicht entsprechend ihres vermuteten Verwandtschaftsverhältnisses anzusprechen. Ich bin bei einer solchen Gelegenheit auch schon mal ordentlich reingefallen. Als ich einer älteren Dame versprochen habe, für ihren Sohn einen Arzt in der Ambulanz anzurufen. „Nein, nein, wo denken Sie hin? Das ist doch mein Ehemann!" Wenn mir natürlich eine Mutter sagt, dass es ihrem Sohn nicht so gut geht, kann ich diese Information viel besser in der Anrede gebrauchen. Wenn mir allerdings ein ca. 16-jähriger Junge von Magenkrämpfen erzählt, sich aber die Hände vor den Unterleib hält, wo also der Magen schon längst aufgehört hat, und die begleitende Dame so ca. Anfang 30 ist, dann melde ich die beiden als Mutter und Sohn in der Ambulanz an. Ich sage der Dame dann den Weg, den sie einschlagen muss, wenn sie mit dem Knaben zur Ambulanz muss, ohne sie als verantwortliche Person auf ihren „Sohn" anzusprechen. Die Schutzhaltung der beiden Hände des jungen Mannes hätten auch auf einen urologischen Schmerz hinweisen können.

Als ich die Ärztin zwischendurch darauf anspreche, ob sie denn Mutti und Sohn schon gesehen hätte, wird mir erzählt, dass der Junge von seinen Problemen nichts erzählen will, und dass Mutti nicht seine Mutti, sondern seine Freundin ist. Na ja, jedem das seine, sagen wir beide uns, wobei mein Gedanke an eine Hodentorsion von unserer Ärztin auch bestätigt wurde. Aber der Junge hat auf seinen Krämpfen beharrt. Nun, eine Torsion wäre erheblich schmerzhafter gewesen, sagte Frau Doktor, und hat den Knaben nach hoffentlich erfolgreicher Krampfbeseitigung, mit seiner reifen Freundin wieder nach Hause geschickt. Und da kann sich die Holde mit ihren mütterlichen Gefühlen bei ihrem jungen Lover austoben. Ach, was war ich froh, dass ich ihr bei ihrer Ankunft nicht spontan geraten habe, mit ihrem „Sohn" zur Ambulanz zu gehen. Das wäre nicht gut angekommen.

In der Nacht vom Veilchendienstag auf den Aschermittwoch hatte ich doch mit ein bisschen mehr Arbeit gerechnet. Über das Karnevalswochenende incl. des Rosenmontags war hier der Teufel los. Meine andere Nachthälfte Ilona hatte reichlich zu tun, bzw. sie hat reichlich Arbeit weiter gereicht zur Ambulanz. Bei mir schlagen die Patienten wie immer auf. Seltsamerweise erscheinen z. B. heute wieder ganze Familien mit nur einem Patienten hier. Eine Frau brachte ihren Ehemann in Begleitung ihrer zwei unmündigen Kinder durch den falschen Eingang zu uns. Vatti hat gemeint, dass es durch diesen Eingang schneller zur Notaufnahme geht. Nur schade, dass an diesem Eingang kein Rollstuhl zur Verfügung stand, den der fast kollabierende Vater dringend brauchte. Er war nämlich fiebrig, stark erkältet, und es ging ihm nicht gut. Ich habe mich schnell auf den Weg zum

Nebeneingang gemacht, um helfen zu können. Ich wollte dann schnell einen Rollstuhl holen, wurde aber von dem älteren Sohn dabei überholt. Wie gut, dass er auch zum Krankenhaus mitdurfte.

Der jüngere Sohn hat derweil bei Vatti Händchen gehalten. Jeder wie er kann. Nach ausgiebiger Behandlung (womit auch immer) haben sich dann alle vier dankend von mir verabschiedet. Zwischenzeitlich ist eine andere Familie eingetroffen, da war auch nur ein Familienmitglied an Fieber erkrankt. Weiblich, jung, blond und vielleicht auch ohne Telefonanschluss, um den Notdienst erfragen zu können. Auch hier hat meine Internistin gute Arbeit geleistet, und der jungen Dame Linderung verschaffen können. Bruder und Freundin haben in der Zwischenzeit sich an unserem Automaten mit Süßwaren und Cola ausgiebig versorgt. Der Automatenaufsteller freut sich immer wieder über Familienausflüge zum Krankenhaus. Wenn dann noch längere Wartezeiten vorkommen, kann das eigentlich nur gut für den Umsatz sein. Die besten Familienverbände sind die, wo sich ein Sprecher bereit erklärt, die Konservation zu übernehmen. Die Bekanntgabe der Diagnose erfahre ich dann mit den Worten: „Wir hätten da mal eine Platzwunde." Alternativ dazu kann es natürlich jede andere beliebige Erkrankung sein. Ich frage dann aber schon mal ganz spontan: "Wie, alle?" „Nein", kommt dann die erklärende Antwort „Nur einer".

Man muss dazu sagen, dass diese Massenaufläufe nicht immer mediterranen Ursprungs sind. Nein, das schaffen wir auch mühelos in Deutsch. Nun ist es 2.00 Uhr und das Ehepaar mit dem weiblichen Katzenbissopfer ist immer noch nicht gekommen. Um 21.00 Uhr hat der Ehemann sich gemeldet, um beim ärztlichen Notdienst eine telefonische Hilfe zu erlangen. Ich sagte ihm daraufhin ganz freundlich, dass auch dieser Arzt vom Notdienst seinen Patienten bei der Behandlung in die Augen schauen möchte. Er wollte trotzdem mit dem Notdienst verbunden werden. Wie bereits von mir angekündigt, hat die Arzthelferin vom Notdienst die telefonische Behandlung verweigert und um persönliches Erscheinen gebeten. Was ja auch wohl Sinn macht. Das war anscheinend zu viel verlangt. Vielleicht war ja auch der Weg zu weit, oder die Katze hat nicht in echt gebissen. Sie hat es auch bestimmt nicht so gemeint. Also lassen wir das mit dem Ausflug sein. Es kann gut sein, dass der Ehemann vielleicht beschlossen hat, dass seine gebissene Ehefrau am heutigen Vormittag zwei Menschen glücklich macht, 1. den Ehemann, der nicht mitten in der Nacht mit ihr zum Krankenhaus fahren muss, 2. den Hausarzt, der sich freut, seine Daseinsberechtigung zu erfahren. Andrerseits ist die Nacht noch nicht vorbei. Am Aschermittwoch ist alles vorbei. Es gibt ein solches Karnevalslied.

Pustekuchen, von wegen! Bis Mitternacht steppt der Bär in der Ambulanz. Der Notdienstarzt und seine Helferin kommen vor Langeweile um. Das weiß ich genau, weil die Helferin für einen ausgiebigen Plausch zu mir kam. Nur hatte sie mehr Zeit als ich. Mein Telefon klingelte ununterbrochen. Bei meinem abendlichen Kontrollgang konnte ich sehen, dass das Wartezimmer vor der Ambulanz rappelvoll war. Damit nicht genug, wurden bis ca. 22.00 Uhr außerdem noch vier Patienten per RTW angeliefert. Anschließend kam dann noch ein Pärchen ins Haus. Die etwas füllige junge Dame erzählte mir etwas zögerlich, dass ihr noch fülligerer männlicher Begleiter morgens vom Hausarzt Antibiotika verschrieben bekomme hätte. Das hat er wohl genommen und jetzt geht es ihm schon den ganzen Tag nicht gut. Der Anruf beim Notdienst war leider zu spät, also sind sie zu uns gekommen. Nach zweieinhalbstündiger stündiger Behandlung inklusive Wartezeit sind sie dann wieder gegangen.

Fast zeitgleich ruft mich eine junge Dame an und möchte mit unserer Internistin sprechen, denn sie brauche die Pille danach. Ich funke Frau Doktor an, die sich allerdings momentan durch ein Patientenzimmer auf der Station arbeitet. „Ich kann hier im Moment nicht telefonieren, aber reinkommen kann sie auf jeden Fall. Kein Problem, nur sie muss Zeit mitbringen. Es könnte ca. zwei Stunden dauern, bis ich mich um ihr Anliegen kümmern kann." Ich fragte dann, ob ich der jungen Dame nicht evtl. im Auftrage mitteilen dürfe, dass man da nicht sofort, sondern innerhalb der ersten 72 Stunden, reagieren muss. „Super Idee" meinte meine Doktorin. „So machen wir das." Ich habe der Anruferin dann den Sachverhalt im Auftrage erklärt. Reinkommen gerne, zwei Stunden Wartezeit für das Rezept, oder wegen der 72 Stunden-Geschichte morgen früh einen Besuch beim Hausarzt, der dann auch noch ausreicht. Da der erfolgreich missglückte Verkehr gerade erst eine Stunde vorher war, hat sie den Rat mit dem Hausarzt gerne angenommen und sich dankend am Telefon verabschiedet.

Na ja, bald gibt es die Pille danach ja auch ohne Rezept in der Apotheke. Um 2.30 Uhr kommt ein junges Ehepaar herein, die Frau schwer atmend, sichtlich schwanger, und der Mann erzählt mit, dass sie im neunten Monat schwanger ist und regelmäßige Wehen hat. Sie haben es nur noch zu uns geschafft. Dabei haben wir doch gar keine Geburtshilfe mehr. Das ist sogar hinreichend bekannt, weil es schon oft genug in der Zeitung geschrieben war. Ich habe die Frau sofort in einen Rollstuhl gepackt, dem Ehemann erzählt, wo unsere Notaufnahme ist, und sofort Doktorin und Ambulanzschwester informiert. Nach kurzer Rücksprache mit der Ärztin durfte ich sofort einen Rettungswagen bei der Leitstelle bestellen, damit der Transport zum nächstgelegenen Kreißsaal vorgenommen werden kann. Sofort danach musste ich die Ärztin mit der Hebamme in eben diesem Kreissaal verbinden. Und schon ging die Fahrt los, nach 20 Minuten fuhr der Rettungswagen vom Hofe. Nun konnten sich Frau Doktor und die Schwester um die männlichen Koliken kümmern, die sich kurz nach der Schwangeren hereingeschleppt haben.

Wieder ein Mittwoch. Warum nur, warum? Warum ist diese Nacht so ruhig? Am frühen Abend meldeten sich zwar ein paar Menschen bei mir, die zum Notdienst wollten. Aber sonst war es bis auf eine Einlieferung mit einem Rettungswagen nichts los im Laden. Es ist mir zu ruhig. So etwas bin ich nicht gewohnt. Man könnte meinen, wir werden nicht gemocht. Wie gut, dass sich einige Menschen per Telefon noch an uns erinnern. In einem Ausnahmefall verbinde ich sogar einen Anrufer mit einem unserer Ärzte, aber auch nur, weil es sich nicht um die telefonische Feststellung einer Diagnose handelt. Um 1.00 Uhr ruft mich eine total verunsicherte Frau an, die versehentlich ihre Medikamente doppelt eingenommen hat. Weil mir Sr. M. von der Notaufnahme gleichzeitig einen kommenden Rettungswagen für den Internisten meldete, konnte ich diese Dame sofort mit dem Arzt verbinden. Denn diese Frage kann der Arzt ja auch am Telefon beantworten. Ansonsten würde ich mich jetzt auch mal über ein nettes Gespräch mit einem rauchenden Patienten freuen. Wir haben doch meistens nette Kunden im Haus.

Obwohl, gestern Morgen um 5.30 Uhr kam ein ehemaliger Patient so um die 70 Jahre ins Haus, um der Sekretärin eines unserer Chefärzte von seiner Heilung zu berichten. Gut, dass ihm die Sekretärin reichte. Manche Patienten toben ihr Geltungsbedürfnis dermaßen aus, und wollen nur den Chefarzt sprechen. Warum das Ganze um diese Uhrzeit sein musste, das weiß keiner. Er musste auch zwei Stunden Wartezeit in Kauf nehmen. So lange dauert es, bis die Sekretärin zum Dienst erscheint. Er erzählte mir von seiner wundersamen Heilung, die nicht bei uns stattgefunden hat. Während seiner Wartezeit suchte er sofort unsere Kapelle auf. Beten lohnt sich ja um jede Tageszeit, schon gar nach einer wundersamen Heilung. Als dieser Geheilte ins Haus kam, habe ich schon ein bisschen blöde geguckt. Ich kannte dieses Gesicht noch von einem stationären Aufenthalt vor ca. 3 Monaten. Und dieser Mensch war damals sehr wissbegierig, bzw. nervig. Darum wollte ich auch nicht nach den Umständen seiner wundersamen Heilung fragen, das hätte mir eventuell zu lange gedauert. So sehr hat es mich letztendlich doch nicht interessiert. Ich werde wohl nie erfahren, was er der Chefsekretärin mitgeteilt hat, denn die Kollegin und ich haben verschiedene Arbeitszeiten. Man sieht sich sehr selten, vielleicht beim nächsten Betriebsfest.

Es ist mir heute zu ruhig. Ich freue mich ja für das medizinische Personal, wenn nicht viel los ist, aber mir ist es zu ruhig. Der Raucher, in den ich meine Erwartungen für ein nettes Gespräch gesetzt habe, ist einfach an mir vorbei gegangen. Dafür hat sich ein RTW-Fahrer vom DRK eine Cola am Automaten gezogen und sich kurz bei mir eingefunden. Nur schade, dass diese Jungs nie Zeit für ein ausgiebiges Gespräch haben, weil vielleicht der nächste Einsatz alarmiert wird. Dadurch gab es dann auch nur eine kurze Unterhaltung. Ich darf ja nicht einschlafen. Irgendwie muss ich mich auch in diesen ruhigen Zeiten beschäftigen. Ich mache ein paar Lockerungsübungen, gehe ein wenig hin und her, und halte mich so wach, Es könnte ja immer irgendwann in der Nacht ein Patient vor der Tür stehen, der sich vielleicht nicht per Klingel bemerkbar machen kann, aber trotzdem zügig meine Unterstützung, bzw. ärztliche Hilfe braucht. Da kann ich nicht einfach dasitzen und die Augen zu machen.

Die Wiederholung der Bauern, die eine Frau suchen, läuft bei RTL. Das hält auch nicht besonders wach. Im Dritten gibt Jürgen Domian mit Problemen beladenen Menschen gute Ratschläge. Das hält mich zwar nicht zum ersten Mal wach, ist aber auch nicht von Dauer, weil die Sendung nur eine Stunde dauert. Da bewege ich mich anschließend lieber noch ein bisschen. Gymnastische Übungen sind für Leute, die sehr viel im Sitzen arbeiten, sowieso sehr gut. Das beugt Rücken- und Hinternschmerzen und Krampfadern vor. Es gibt ja auch Leute, die sich für die Nachtarbeit krankschreiben lassen, weil es ihnen zu ungesund erscheint, nachts 10,5 Stunden zu sitzen. Ich sehe das anders. Man muss sich nachts eben so verhalten, dass es nicht ungesund wird. (siehe Gymnastik und Bewegung, Bewegung, Bewegung) Ach ja, neulich habe ich gelesen, dass Jürgen Domian und ich fast gleichzeitig mit dem Nachtdienst aufhören. Ich werde Rentner, was er hinterher macht, weiß ich noch nicht. Er wird in Zukunft für seine Aktivitäten sicherlich mehr Gage bekommen, als ich Rente.

20 Rauchen und Religionen

Ein normaler Freitagabend ohne Wochenendparty in unserer Kreisstadt, keine Schweinegrippe im Umlauf, nicht mal eine normale Grippewelle zu erkennen. Trotzdem kommen die Patienten in Massen. Da man in unserer Tageszeitung ja fast nie lesen kann, dass der hausärztliche Notdienst in unserem Hause nur bis 22.00 Uhr vertreten ist, erscheinen diese Leute hier zu den ungewöhnlichsten Uhrzeiten, nämlich um 22.45 Uhr mit Kreislauf und Mattigkeit, um 23.20 Uhr mit Fieber, um 23.30 Uhr mit einer Entzündung in der Handinnenfläche (wenn da man keine Blutvergiftung draus wird), um 23.40 Uhr mit einer leichten Verbrennung an der Hand und um 0.25 Uhr eine vierköpfige Familie mediterranen Ursprungs, wo die erwachsene Tochter Bauchweh hat (Blinddarm ist schon raus).

Die Verbrennung rief mich übrigens um 23.00 Uhr an und wollte zwecks Behandlungstipps mit dem zuständigen Arzt telefonieren. Meine Antwort war wie üblich, dass unser Arzt dem Patienten gerne auf die Wunde gucken möchte, anders geht's nicht. Dazu muss man sagen, dass der ärztliche Notdienst von 20.00 bis 22.00 Uhr nur einen ganzen Patienten hatte. Wären diese anderen schwerkranken Leute während dieser Zeit gekommen, hätte dieser Arzt ganz bestimmt gerne geholfen. Aber weder wir, noch die Zeitung kriegen diese Leute schlauer. Seit vorgestern ist Frau R.K. als Patientin im Haus. Wir haben mehrere Frau K. Auch diese ist mit Vorsicht zu genießen. Sie sitzt zur Zeit im Rollstuhl, obwohl sie bei früheren

Aufenthalten noch zum Rauchen nach draußen gehen konnte. Nun ja, jetzt rollt sie zum Rauchen. Wer die Sucht kennt, kann das verstehen. Frau R.K. beschwerte sich heute bei mir dass sie 43 Minuten in unserer Kapelle eingeschlossen war. Wenn man im Rollstuhl sitzt, kann man die Tür von innen nicht öffnen. Auf meine Frage, wie sie denn da reingekommen wäre, kam die Antwort: „Ein netter Mitpatient hat mich dahin geschoben." Da muss der Mitpatient, warum auch immer, anschließend die Tür schnell hinter sich zu gemacht haben. Warum eigentlich? Kennt er vielleicht Frau K.? War das vielleicht eiskalte Berechnung? Wir werden es nie erfahren.

Frau K. beantragte bei mir schließlich einen elektrischen Türöffner, für das nächste Mal. Sie geht anscheinend mehr als einmal in sich. Ich habe diese Anregung selbstverständlich an unsere technische Abteilung weitergegeben. Der nächste Brüller war dann, dass sie sich bei mir über die ganzen Islamisten, mit ihren ganzen Attentaten ausgelassen hat. Sie ist streng katholisch erzogen und hat sich neben der Bibel auch den Koran durchgelesen. „????" Nirgendwo steht geschrieben, dass irgendein Gott von seinen Anhängern Tötungsdelikte erwartet. Beim Buddhismus und Hinduismus weiß sie es nicht so genau. Aber auch da kann sie es sich nicht vorstellen. Ich hätte Frau K. im allerhöchsten Fall irgendein Revolverblatt zugetraut. Da sieht man, wie man sich täuschen kann. Den dazugehörigen Ehemann kenne ich schon seit Jahren. Der hat mich ganz zu Anfang meiner Tätigkeit mal angesprochen, ins Gespräch verwickelt und diesen Kontakt immer, bei jedem Besuch, schön aufrecht gehalten. Damals hieß er noch F. A. und drängte mir sogar das Du auf. Ich habe gedacht, sei mal ein Netter und geh doch drauf ein. Als er dann Monate später mit seiner Frau ins Krankenhaus kam, versuchte ich ihn nicht wieder zu erkennen. Hat nicht geklappt. „Hey, wir duzen uns doch, kennst Du mich nicht mehr? Ich bin es doch. Ich habe inzwischen geheiratet und den Namen meiner Frau angenommen." Das hat mir dann auch nicht weitergeholfen.

Irgendwann habe ich dann bei zahlreichen Telefongesprächen herausgekriegt, dass der Typ anscheinend zum Altenpfleger mutiert ist, und seinen in höchster Pflegestufe eingestuften Schwiegervater zu Hause pflegte. Das Pflegefeld war dann wohl sein Beitrag zum Familieneinkommen. Jedes Mal, wenn Vatta dann seinen Katheder gezogen hatte, rief der selbsternannte Betreuer bei uns an, um mit der Ambulanz zu reden. Anschließend wurde der Schwiegervater mit dem RTW eingeliefert. Nach einigen Jahren ist der Verursacher des Familieneinkommens leider verstorben. Keine Ahnung, womit Herr K. geb. A. jetzt die Familie ernährt. Vielleicht arbeitet seine Frau ja nun auf eine Pflegestufe hin. (siehe Rollstuhl) Rauchen kann ja auch COPD verursachen. Schauen wir mal. Als der Ehemann heute Abend zu Besuch bei seiner Frau war, ist er, ganz in Gedanken, grußlos an mir vorbeigegangen. Ich war so froh, dass ich nicht wahrgenommen wurde. Eigentlich verstehe ich das nicht, weil er doch sonst immer so anhänglich war. Er wird doch nicht evtl. vergesslich, oder sogar dement?

Ein anderer Abend, eine neue Zigarette für Familie K. Bei Dienstbeginn steht die gesamte Familie vor der Eingangstür am letzten Aschenbecher vor der Nichtraucherzone, und konsumiert ganz genüsslich ihre Zigaretten. Dabei ist doch Herr F. K. ansonsten immer sehr besorgt um seine Angehörigen. Schließlich hat er jahrelang seinen Schwiegervater gepflegt. Nun ist er sehr besorgt um seine Ehefrau, denn Frau K. wurde neulich über Stunden operiert, wie er mir dann doch in der letzten Woche unbedingt erzählen musste. Nun konnte sie vor ein paar Tagen die Intensivstation verlassen und kann nun mit ihrem Rollstuhl überall hinkommen, wo geraucht wird. Na ja, sie wurde ja nicht an der Lunge operiert. Als er sie dann spätabends wieder auf der Station entsorgt hatte, bekam ich anschließend das Vergnügen seiner Anwesenheit. Er wollte sich eigentlich nur mit Handschlag verabschieden, weil wir uns ja schon so lange und so gut kennen, wie er mir dann ausführlich beteuerte. Genauso ausführlich erzählte er mir an dem Abend, wie viele Darmverschlüsse seine Frau hatte. Die Operation hat ja nicht umsonst so lange gedauert. Jetzt geht es ein bisschen besser. Wie ich mich überzeugen konnte, klappte es auch wieder mit dem Rauchen. Also haben unsere Ärzte da mal wieder gute Arbeit geleistet. Ich bin wirklich froh, wieder einen zufriedenen Kunden gehört zu haben.

Natürlich, so sagte er mir, wäre seine Frau noch lange nicht wieder gesund. Er befürchtet, vielleicht eine Pflegestufe für sie beantragen zu müssen (oder zu wollen), was mir von der Stationsschwester ausgiebig bestätigt wurde. Er musste mir auch unbedingt von seiner eigenen Erkrankung erzählen. Ich hätte mich während der Aufzählungen seiner gesundheitlichen Probleme so sehr über ein hereinkommendes Gespräch oder über einen Notfallpatienten in der Halle gefreut. Aber nein. Nicht mal ein hausinternes Gespräch kam dazwischen. Dieses hätte ich dann sehr ausgiebig und ganz kompetent geführt. Eine ganze halbe Stunde hat er mir eine Frikadelle ans Ohr gelabert. Seine Krankengeschichte umfasste den Abbruch einer Fortbildung wegen Schlafmangels, den Aufenthalt in einem Schlaflabor, das Vorspielen eines Kurzfilms über seine Schlafprobleme und endete mit der Mitteilung, dass er irgendwann anschließend endlich einen erholsamen 20 Stundenschlaf geschafft hat. Nun trägt er während des Schlafens eine Schlafmaske und hofft auf Behebung seines Problems. Und ich hoffe mit. Ich hoffe auch, dass es seiner Frau möglichst bald wieder besser geht. Wenn sie dann von ihm zuhause gepflegt wird, wird es der ganzen Familie guttun. Und dieses ganze Wissen habe ich einer ungestörten langen halben Stunde zu verdanken.

Als dann endlich ein Besucher zu mir kam, um sich die Zimmernummer seiner Angehörigen geben zu lassen, mussten wir „leider" das Gespräch abbrechen. Ein kurzes verständnisvolles Winken und ein „Ich mach mich mal vom Acker" und weg war er. Immer diese Störungen.

21 War es der Mond?

Heute Abend habe ich erfahren, dass wir Herrn J. auf der Intensivstation beherbergen. Er wurde mit einem RTW und Notarzt eingeliefert. Herr J. ist kein alter Bekannter von mir, eher ein junger. Ich kenne ihn nämlich erst seit gestern. Ein RTW hat ihn gestern zu uns gebracht, nachdem er in seiner Wohnung gekokelt hat. Durch den entstandenen Schwelbrand kam es bei ihm zu einer Rauchgasintoxikation. Jaha, so nennt man das, wenn jemand zu viel Qualm einatmet. Hat übrigens nichts mit Kette rauchen zu tun. Er wurde auf einer Station aufgenommen und stellte nach einigen Stunden fest, dass es ihm schon viel besser geht. Er wollte unbedingt nach Hause, um seine Wohnung zu lüften. Alkoholisiert war er auch nicht mehr so sehr. Ich konnte ihn gerade noch davon abhalten, ohne Erlaubnis zu verschwinden. Der von mir herbeigerufene Doc versuchte ihn mit einfühlsamen, eindringlichen Worten zum Bleiben zu bewegen. Vergebliche Liebesmüh von ihm.

Gegen ärztlichen Rat hat Herr J. sich selbst entlassen, steht vor mir, und weiß nicht, wie er in seine 15 Kilometer entfernte Wohnung kommen soll. Er steht vor mir, schwadroniert hier herum, und erzählt mir über seine frühere Tätigkeit als Staatsanwalt. Darum kennt er sich mit Gesetzen so gut aus, sagt er. Armes Deutschland, solche Staatsanwälte haben wir? Hinterher höre ich vom Arzt, dass der ehemalige Staatsanwalt früher seinen Lebensunterhalt als Boxer verdient hat. Da wundert mich jetzt gar nichts mehr. Er kann nicht oft gewonnen haben, denn die eventuellen Gehirnerschütterungen sind ja auf Dauer nicht gut fürs Gehirn. Ich konnte mich auch von seinem unkontrollierbaren Speichelfluss überzeugen. Und das sah nicht schön aus. Ein herbeigerufenes Taxi beförderte den Herrn nicht, wegen des fehlenden Kleingeldes. Also ging er zu Fuß zur Polizei, um dort Anzeige gegen den Notarzt zu erstatten, der ihn zum Krankenhaus verschleppt hat. Die Polizei, die ihn seiner Meinung nach nach Erstattung der Anzeige nach Hause bringen sollte, enttäuschte ihn auch noch bitter. „Eine Anzeige gegen den Notarzt? Das kann ja wohl nicht wahr sein? Nach Hause bringen? Wir sind doch kein Taxi-Unternehmen!" Die kennen sich mit Gesetzen anscheinend noch besser aus, als ein ehemaliger, boxender Staatsanwalt.

Nun gut, dann ist er eben selbstständig zum Bahnhof weitergelaufen, um anschließend mit dem Zug (natürlich schwarz) nach Hause zu fahren. Woher ich das alles weiß? Er hat mich regelmäßig mit seinem Handy angerufen, um mich immer auf den neuesten Stand seiner Unternehmungen zu bringen. Da ich mir seine Telefonnummer nach den ersten zwei Anrufen notierte, wusste ich immer beim Blick auf mein Display, wann er sich wieder meldete. Als er endlich zuhause war, hatte ich dann auch Ruhe vor ihm. Ich verglich die Telefonnummer mit einer Nummer, die meine andere Nachthälfte mir bei unserer wöchentlichen Übergabe genannt hat. Stimmte überein. Meine Kollegin Ilona wurde von diesem Menschen schon mehrmals per Telefon mit irgendwelchen Belanglosigkeiten belästigt. Gut, dass wir uns über solche Herzchen austauschen. Nun kann ich in dieser Nacht nur noch abwarten, wie lange es Herr J. dieses Mal bei uns aushält. Sollte er sediert sein, hätten wir ja noch Chancen auf einen längeren Aufenthalt. Warten wir es ab, ob dem Notarzt heute mehr Erfolg beschieden ist.

Noch ist die Nacht nicht vorbei. Nein, auch in dieser Nacht hat er es nicht lange bei uns ausgehalten. Auch dieses Mal ist er gegen ärztlichen Arzt wieder gegangen, allerdings durch einen Notausgang nach draußen, und löste dadurch einen Alarm aus. Da ich vor Jahren einen solchen Alarm schon einmal beseitigen konnte, war ich nun wieder gefordert. Ich hätte ungern um 0.45 Uhr einen Techniker für so eine Pfeife ins Haus gerufen. Wir haben also einen neuen Fan gefunden. Herr J. der auch bei der Polizei wohl bekannt ist, wie ich eben bei einer Nachfrage bei unserem Freud und Helfer gehört habe. Er hat übrigens den aktuellen Notarzt nicht wegen Entführung anzeigen wollen. Nicht schon wieder.

In der Nacht auf den Samstag ist nichts Absurdes passiert. Es kamen halt Kranke und Kranke, zum Teil auch per RTW. So hier oder da muss ich doch manchmal auf meine Gesichtszüge achten. So z. B. wenn um ca. 2.30 Uhr ein Vater mit ziemlich erwachsener Tochter erscheint. Er konnte sich wohl besser artikulieren als sie, und erzählt mir: „Also, meine Tochter hat mich eben ganz panisch angerufen. Sie hat so ein Zittern in der Schulter. Wir sollten da doch unbedingt einen Arzt aufsuchen." Ich habe bei der ganzen gemachten Panik versucht, meine Ruhe zu behalten, habe beide weiter zur Ambulanz geschickt, und den Chirurgen seine Arbeit machen lassen. Da mein Dr. O. A. ein Guter ist, war der Vater mit seiner panischen Tochter auch bald wieder auf dem Weg nach Hause. Den absoluten Brüller hatte ich um 4.27 Uhr am Telefon. Per Handy (die Nummer kam mir sofort so bekannt vor) rief mich Herr J. an. Er war doch kurz vorher als Patient in der Notaufnahme. Nun wollte Herr J. mit der Notaufnahme verbunden werden. Er war so alkoholisiert, dass ich es fast durch das Telefon riechen konnte. Ich sagte ihm, dass in der Notaufnahme sehr viel zu tun ist, dass ich aus diesem Grunde ihn jetzt nicht verbinden könnte. Nach einigem Zögern kam dann: „Dann leck mich doch am Arsch!" Ich habe das Gespräch dann einfach mal ohne Kommentar beendet.

Drei Minuten später klingelte es wieder. Die bekannte Handynummer erschien mir wieder im Display, ich meldete mich wie immer, Der Anrufer meldete sich wieder mit Namen, und er hätte doch eben schon mal angerufen. Ich sagte ihm daraufhin, dass die Notaufnahme immer noch zu tun hätte. „Nein, ich wollte mich doch nur entschuldigen, was ich da eben gesagt habe, das war nicht richtig. Ich wollte doch der Ärztin nur sagen, dass sie sehr nett ist. Und hübsch ist sie auch, finde ich." Ich habe seine Entschuldigung nur zu gerne angenommen, und versprach ihm, die Ärztin zu informieren. Man soll ja lernfähige Vollpfosten nicht demoralisieren, Ich habe der Ärztin selbstverständlich später das Kompliment weitergegeben. Sie hat sich gefreut, so einen guten

Eindruck hinterlassen zu haben. Meine Kollegin vom Tagdienst konnte mir später erzählen, dass Herr J. auch am folgenden Tag dreimal angerufen hat, um mit einer Schwester von der Station zu sprechen. Auf unseren neuen Fan ist also Verlass. Wie die Ärztin mir erzählte, ist Herr J. sehr anhänglich (welches nicht zu überhören war), seine Krankheit aber nicht in unserem Krankenhaus behandelbar. Wir haben ja schon einiges zu bieten, an Fachabteilungen, die Psychiatrie gehört nicht dazu.

Neue Nacht, neues Glück, immer wieder neue Erfahrungen, so wie an diesem Freitag kurz vor Mitternacht, kommt diese Frau ins Haus. Ein wenig verunsichert mit einem suchenden Blick fragte sie mich nach dem hausärztlichen Notdienst. Ich muss ihr leider mitteilen, dass dieser schon seit 22.00 Uhr Feierabend hat, sie aber ohne weiteres in unserer Notaufnahme behandelt werden könnte. Wieder ein unsicherer Blick. Dann meine Frage nach den Symptomen, um die Fachrichtung heraus zu bekommen. „Ja, zuerst hatte ich die Rückenschmerzen, dann ein bisschen Durchfall, und dann? Dann habe ich von einem Kollegen gehört, dass er schon mal den Hantavirus (hört sich schlimm an) hatte. Kann ich mich darauf mal untersuchen lassen?" „Aber klar doch". Ich erklärte ihr den Weg zur Notaufnahme und informierte die Schwester in der Ambulanz über ein „internistisches Polytrauma" Die Kollegin hatte gerade ihre Abteilung leer gearbeitet, also alle eingetroffenen Notfälle erledigt, und wollte sich gerade eine kurze Pause gönnen. Und dann war ich am Telefon und mache alles wieder kaputt. Ein entsagungsvolles „Ja ist ja schon gut" war dann die Antwort und sie nahm den vermeintlichen Hantavirus in Empfang. Laboruntersuchungen und evtl. anschließende Heilung nahmen dann ca. anderthalb Stunden in Anspruch und die Dame konnte uns wieder verlassen.

Um 1.30 Uhr wird eine junge Frau mit Herzjagen und einem durcheinander geratenen Atemrhythmus von ihrem ebenso jungen Begleiter hereingebracht. Da sie auch ein wenig Probleme mit einem geraden Gang hatte, holte ich schnell einen Rollstuhl für sie. Nicht, dass sie auf dem Weg zur Ambulanz noch hinfällt. Der Begleiter sieht zwar recht stark aus in seinem Muskelshirt, aber der Weg zur Notaufnahme in den ersten Stock ist weit, und sie bis dahin zu tragen, dafür war sie vielleicht doch drei Pfund zu schwer. Der Schwester erzähle ich von meinem Verdacht auf Hyperventilation und meinem Defizit, keine leeren Plastiktüten mehr auf Vorrat zu haben. Somit kann ich für solche Notfälle mit Hyperventilation keine erste Hilfe leisten. Muss ich ja auch nicht, denn für die mittelleichten Fälle haben wir ja gut ausgebildetes medizinisches Fachpersonal in der Ambulanz. Dieses supergute Personal hat es tatsächlich geschafft, diese junge Frau in 15 Minuten so fit zu kriegen, dass sie selbstständig hier heraus in Richtung Auto laufen konnte.

Bei dem Stichwort „Erste Hilfe" fällt mir noch etwas ein. In regelmäßigen Abständen wird in unserem Krankenhaus auch für uns Personal vom Empfang eine

Schulung zur ersten Hilfe angeboten. Das fängt mit der stabilen Seitenlage an und geht weiter bis zur Reanimation. Herzdruckmassage nach dem Rhythmus von „Staying alive" und die dazugehörige Beatmung. Bisher wurden wir in dieser Hinsicht zwar noch nicht beansprucht, aber es ist gut zu wissen, dass man helfen könnte. Eigentlich reicht es uns schon, wenn wir bei Erbrechen mit einem so genannten Kotzbeutel aushelfen können. Nun warten wir auf die nächsten schwerwiegenden Fälle.

In der Samstagnacht, es sind alle wach. Wir haben einen Kundenandrang wie zum Winterschlussverkauf. Die Notdienstpraxis könnte das Wartezimmer ausbauen, weil mal wieder ganze Familienausflüge dort aufschlagen. Ich werde nie verstehen, warum in einer Vierergruppe nur ein einziger Patient dabei ist. Eigentlich sollte doch ein Begleiter reichen. Oma und Opa müssen nicht überall dabei sein. Aber nicht nur der Notdienst hat reichlich Arbeit. Auch in der Notaufnahme boxt der Papst. Vom Splitter im Fuß über Sportunfälle bis zum Katzenbiss ist alles und noch mehr vertreten. Sportunfälle werden jetzt wieder häufiger werden, weil die Temperaturen jetzt auch häufiger höher werden. Eine männliche Atemnot konnte ich gerade noch abfragen, bevor die weiblichen Begleitungen mit dem Patienten bei mir vorbeiliefen. Ich denke, dass ein Patient mit einer akuten Atemnot unbedingt in der Notaufnahme angemeldet sein sollte, um lange Wartezeiten zu vermeiden. Wer weiß, wo die Damen mit der Atemnot noch hingefahren wären. Das Haus ist groß und es ist nicht jedem gegeben, die Hinweisschilder zu lesen. Und so eine akute Atemnot kann ja vielleicht auch noch akuter werden. Gut, wenn da Ärztin und Schwester wissen, dass so ein Kranker im Hause ist, denn umso schneller kann man helfend und heilend eingreifen.

Dann darf man natürlich auch nicht unsere fleißigen rot/weißen Lieferwagen vom Rettungsdienst vergessen, die uns auch mit Nachschub für alle möglichen Fachrichtungen versorgen. Gerade höre ich von Sr. K.L. aus der Ambulanz, dass noch drei Rettungswagen auf dem Weg zu uns sind. Ach ja, Vollmond ist heute. Es gibt ja Leute, die dem Vollmond die Schuld geben, wenn besonders kuriose Krankheiten auftreten. Da wird sogar das Unvermögen, einschlafen zu können, fast lebensbedrohlich. Eben um 21.30 Uhr ruft eine Nachtschwester aus dem 3. Stock an und bittet mich darum, die Außenbeleuchtung auszuschalten. Sie ist schon mehrmals von einer Patientin per Klingel zum Bett gerufen worden, weil es draußen zu hell ist. Nun sind meine Kontakte zu den Stadtwerken gleich Null. Ich könnte einen Ordnungsbeamten besorgen, der eine Zwangseinweisung in eine Psycho-Klinik befürworten könnte. Vielleicht ist da die Außenbeleuchtung nicht so hell. Da hätte ich wohl Kontakte. Vielleicht ist es aber auch der Vollmond, der der Dame ins Bett scheint. Da fehlt mir leider die Fähigkeit, eine Mondfinsternis herbei zu führen. Ich hoffe mal, die Patientin nicht veranlasst zu haben, eine negative Bewertung bei Klinikbewertungen abzugeben.

Neulich habe ich gehört, dass eine Operation auf Wunsch des Patienten verlegt wurde, weil die Mondphase nicht die richtige war, Wie heißt es so schön? Unser Herrgott hat einen großen Tiergarten. Da ist mancher Esel dabei. Ach ja, die Atemnot haben wir behalten. Ist wohl besser so, bevor es noch akuter wird. Mein Job besteht auch darin, besorgte Eltern zu beruhigen, und sie ihrem verunfallten Sohn zuzuführen, der noch beim Röntgen war. Denn Vater hat ihn nach dem Unfall noch nicht gesehen und weiß darum auch nicht, wie es ihm aktuell geht. Um die RTW-Besatzung nach dem Befinden des Sohnes zu fragen, ist er schon draußen ums Haus gelaufen, hat aber niemanden gefunden. Die sind nämlich ganz fix zum nächsten Einsatz oder zum Bereitschaftsbett gefahren. Jetzt harrt Papa der Dinge, die da auf ihn, bzw. den Sohnemann zukommen. Nach erfolgreicher Behandlung lassen wir diese Familie wieder komplett nach Hause fahren, wir können ja nicht alle behalten. Man verabschiedet sich sehr freundlich von mir, schließlich habe ich den Eltern weitergeholfen. Naha, vielleicht bis zum nächsten Mal.

Heute wird in den Mai getanzt, gegangen, gefahren, und wer weiß was noch alles. Ach ja, getrunken wird vielleicht auch noch. Wir harren der Dinge, die da auf uns zukommen werden, in Form defekter Hände (wegen zerbrochener Gläser) geknickter Füße (wegen unebener Tanzfläche) oder auch ausgereizter Leber und benebelten Gehirnen (da ist dann der Alkohol schuld) Zuerst kommt da um 22.00 Uhr der blaue weibliche Fingernagel nach Arbeitsunfall von gestern Abend. „Der Finger (der kleine) hat sich jetzt gelblich verfärbt. Ich möchte doch jetzt gern, dass sich das mal ein Arzt anschaut." Das kriegen wir natürlich hin. Weiß sie denn nicht, dass sich ein blauer Fleck auch schon mal anders verfärben kann? Wegen der anderen Patienten, die in der Schlange vor ihr standen, dauerte es allerdings ca. eine Stunde, bis sie wieder in Richtung Heimat ging.

Als die junge Frau hereinkam, hatte ich kurz danach eine andere Dame am Telefon, die mir unbedingt erzählen musste, dass sie den ärztlichen Notdienst benutzen möchte, weil sie Scharlach hat. Die Notdienstärztin sagte mir gerade Tschüss und bekam das Gespräch mit. Ich konnte der Frau am Telefon die Notdienstnummer 116117 geben, für den Notfall in der Nacht und sie dann beruhigend auf den morgigen Notdienst hinweisen, der am Feiertag um 8.00 Uhr hier im Hause anfängt, zu arbeiten. Diesen Scharlach hat sie ja nun nicht spontan bekommen. Der lässt sich bestimmt auch noch morgen früh behandeln. Ein nochmaliger Hinweis auf die 116117 wurde von der mithörenden Notdienstärztin begeistert mitgehört. Ich komme mir vor wie ein Mitarbeiter der Telefonseelsorge. Um kurz vor Mitternacht meldet sich Frau E. telefonisch bei mir mit den Worten: „Ich bin Frau E. und ich bin privat versichert. Ich habe solche Koliken und ich kann nicht mehr. Können Sie mir den Notdienstarzt schicken, für eine Spritze?" Ich sage ihr, dass ich das nicht kann, aber sie könne gerne hereinkommen. „Einen Rettungswagen müssen Sie sich schon selbst rufen, oder nehmen Sie sich ein Taxi". Ich nannte ihr die Telefonnummer der Taxizentrale, die sie aber schon kannte. Sie versprach dann nach einigem Ächzen, herein zu kommen. Ich versprach ihr, sie schon mal in der Notaufnahme anzumelden. Das mache ich gerne für Privatpatienten, aber auch sowieso für jeden, und wenn er noch so gesetzlich versichert ist. Denn nur so kann man im Notfall zügig helfen.

Bei Koliken ist eine schnelle Hilfe durchaus hilfreich. Ich hätte gerne zügig geholfen, allerdings ließ sich die Dame Zeit. Nach einer halben Stunde ungefähr rief ich bei der Taxi-Zentrale an, ob die Dame sich bereits bei ihnen gemeldet hat. „Ja" wurde mir gesagt „sie ist unterwegs und ist jeden Moment bei Euch". Als sie dann endlich kamen, hatten Fahrerin und Tochter einige Mühe, Mutter E. mit dem Rollator heile herein zu kriegen. Ich ging ihnen da lieber mit einem Rollstuhl entgegen, um die ganze Sache zu vereinfachen, und sorgte dann dafür, dass unser Springer kam, um die Patientin ohne Umwege zur Notaufnahme zu bringen. Frau E. wurde übrigens stationär aufgenommen, wir können uns doch keine Privatpatientin entgehen lassen, zumal sie wirklich krank war mit ihren schmerzhaften Koliken.

Zeitgleich wurde ein junger Mann von zwei Mädels hereingeführt, von beiden Seiten gestützt. „Sein Kreislauf hat nicht mehr mitgespielt. Ihm ist schwarz vor Augen geworden." Sagte eine der beiden Mädels. Ja, ja, man kennt das, mit diesem Kreislauf. Also nichts wie hin zur Notaufnahme. Hat er vielleicht zu wenig, oder zu viel getrunken? Mutti kam auch noch hinterher und wurde hinter ihrem Jungen weitergeleitet. Das Leben pulsiert und im Fernsehen läuft „Dirty Dancing". Eben habe ich noch gehört, dass auf dem Marktplatz immer noch Party angesagt ist. Bei mir ist Party mit rockiger Musik. Lassen wir uns doch überraschen, was da noch für Reklamationen auf uns zukommen. Bei dem unebenen Kopfsteinpflaster kann noch einiges passieren. Zumal da noch Alkohol ausgeschenkt wird. Der junge Mann mit den schwarz gewordenen Augen ist nach der Behandlung, nach zwei Stunden vorerst geheilt mit seinen beiden Stützen und Mutti wieder nach Hause, oder sonst wohin. Das kommt davon, wenn man zuviel Wasserpfeife raucht, habe ich mir sagen lassen. Und in meinem Film wird „Time of my life" gespielt.

Ab heute bin ich der Wächter des goldenen Saxophons. Gleich mehr dazu. Zuerst mal haben wir Schützenfestwochenende, weil in zwei Nachbarorten, nämlich genau so etwas los ist. Ich rechne mit einigem Zulauf, wegen der Wärme, und natürlich auch wegen des Alkoholkonsums. Fangen wir langsam an. Zuerst die telefonische Flachzange des Abends. Die Frage einer Frau nach einem Arzt, der ihr doch bitte Auskunft geben soll, ob sie sich Sorgen machen muss. Der vorletzte Stuhlgang war sehr hart, verbunden mit Blut, wobei der letzte dann ziemlich aufgeweicht war, auch verbunden mit Blut. Ich kann ihr da natürlich keinen unserer Ärzte vermitteln, kann ihr nur anbieten, zu uns zu kommen, damit ich sie zum Notdienst weiterleiten kann. Nach Mitternacht kann ich feststellen, dass sie dieses Angebot nicht angenommen hat. Wenn sie denn gleich doch noch erscheint, werde ich sie rügen müssen, dass sie so wenig auf sich achtet.

Um 20.30 Uhr kam ein Rettungswagen und brachte Sarah. Warum auch immer sie geliefert wurde, weiß ich nicht. Ich muss es ja auch nicht wissen. Zeitgleich kamen Sarahs Vater mit ihrem Freund zu mir, und fragt nach seiner Tochter. „Können Sie mir sagen, wo die Notaufnahme ist, damit ich - gleich - zu meiner Tochter Sarah gehen kann. Wir warten jetzt zuerst an der frischen Luft und gehen dann gleich zu ihr." Ich rief daraufhin in der Ambulanz und bat um Nachricht, wann Vater und Freund zu Sarah dürfen. Vater und zukünftiger Schwiegersohn deckten sich am Automaten mit Getränken und Snacks ein, gingen dann nach draußen vor die Tür, und rauchten sich ein paar Zigaretten. Es war bei dieser Wärme sicher die bessere Idee, vor der Tür zu warten, als im überfüllten Wartezimmer der Ambulanz. Ich fand es so gut, diesen entspannten Vater zu sehen, dem ich bei erneuter Nachfrage um ca. 22.00 Uhr sagen konnte, dass Sarah jetzt besuchsbereit ist. Sarah haben wir für uns behalten, gut aufgehoben, auf einer unserer Stationen. Vater und Freund gingen dann mit einem herzlichen „Dankeschön" zum Parkplatz, um die Heimfahrt anzutreten.

Um 22.30 Uhr kam dann noch eine Taxe mit Eltern und Julia und deren Saxophon. Laut ihrem Vater ist Julia während des Musizierens kollabiert. Er übergab mir das Saxophon zu treuen Händen, da es in der Ambulanz doch sicherlich hinderlich ist. „Passen Sie doch bitte darauf auf. Ich hole mal eben meine Tochter herein." Schnappt sich einen Rollstuhl und holt die Julia. Sie sieht immer noch etwas kollabiert aus und ich schicke sie auch sofort weiter. Saxophon, Musikantenjackett und Notenblätter verblieben bei mir. So wurde ich zum Wächter des goldenen Saxophons. Zwei Stunden durfte ich dann Wache schieben, bis die geheilte Julia samt Eltern ihren bewachten Kram wiederhaben wollte. Ich bestellte ein Taxi für die Familie wieder zum Schützenfest. Man bedankte sich sehr ausgiebig bei mir, und weg waren sie. Und ich war wieder allein, allein.

Aber nur bis 1.00 Uhr. Da hatte ich Besuch von einem Jugendlichen, dem vor ein paar Tagen die Weisheitszähne entfernt wurden. Er kam mit Kumpel und mit Fahrrad und wollte nur mal kurz fragen, ob er wieder rauchen darf. Nein, zur Ambulanz wollte er nicht. Da wollte er mit seiner Frage nicht nerven. Ich wollte ihm die Telefonnummer vom zahnärztlichen Notdienst geben. Den wollte er auch nicht nerven. Auch in der Notdienstapotheke wollte er nicht anrufen, weil die doch bestimmt schlafen. Nur bei mir, bei mir hatte er kein schlechtes Gewissen. Wahrscheinlich hat er im Vorbeifahren Licht bei mir gesehen und dachte sich dann, den frage ich mal, den nerve ich bestimmt nicht, der ist ja sowieso wach. Er hat mich ja auch freundlich gefragt. Darum gab ich ihm auch den Rat eines freundlichen, älteren Herrn, doch noch ein paar Tage mit der nächsten Fluppe zu warten. So wichtig ist dieses Teil doch auch wieder nicht, und ungesund sowieso. Schließlich schreibt das sogar die Zigarettenindustrie auf ihre Packungen.

Ein neuer Abend, ein neues Erleben aller Arten von Krankheiten, Wer jemals starke Kopfschmerzen hatte, kann vielleicht nachvollziehen, wie sich die junge Frau gefühlt hat, die von ihrem Vater um 23.00 Uhr zur Notaufnahme gebracht wurde. „Sie hat Migräne" sagte er, nahm sie weiter an der Hand und führte sie zum Aufzug. Tochter hatte so starke Schmerzen, dass sie sich den Kopf mit den Händen festhielt. Gut, dass die Notaufnahme nicht so voll war. So konnte sich die Schwester mit dem Internisten sofort um die Patientin kümmern. Anschließend erschienen die Patienten im Zehn-Minuten-Takt. Ein junger Mann mit Durchfall und Erbrechen, bewaffnet mit einem 10 Liter Eimer vor dem Gesicht. Mutter bringt ihn rein, weil sie zuhause einfach nicht mehr weiterweiß. Na ja, das, was da raus kommt, muss flüssig wieder aufgefüllt werden. Das kennt man ja. Weibliche Bauchkrämpfe haben sich alleine zu uns geschleppt. Nach einer Stunde hat sie zu Ende gekrampft und durfte mit dem Zettel für den Hausarzt in der Hand wieder nach draußen. Und ein mir bekanntes Gesicht aus einem externen medizinischen Bereich taucht auf, und erzählt mir, dass ihm der rechte Hoden weh tut. Der extra herbei gerufene Urologe stellt fest, dass nichts verdreht ist, wie das mir bekannte Gesicht vermutete und schon kann es uns wieder verlassen.

Verdrehte Hoden sind nicht gut, wartet Mann zu lange, stirbt etwas bei ihm ab. Heißt also, er läuft anschließend als zeugungsunfähiger Mensch herum. Sollte er noch mal diese Schmerzen bei sich feststellen, sollte er auch unbedingt tagsüber einen Urologen aufsuchen. Das weiß ich, weil der junge Mann, mir „nur so unter uns Männern" alles erzählte. Hoffentlich bekommt er zuhause keine Panikattacke, wenn er merkt, dass evtl. etwas verdreht sein könnte. Mit einer Panikattacke hatte ich ihn auch schon mal hier. Davor war es ein entgleister Blutdruck. Aber das kann alles Mal passieren, habe ich mir sagen lassen. Man kennt das von der Bahn, wenn da etwas entgleist, ist das ein Unfall und nicht vorhersehbar. Ein Knabe von Mitte 20 war vorher noch hier mit einer bereits verpflasterten Schnittwunde am Daumen. Rührte von einem Schnitt bei der Arbeit her. Und spätabends musste er unbedingt noch kommen für „einmal gucken" und für ein neues Pflaster. Gut, dass er damit nicht um 3.00 Uhr kommt, wie der Vater mit dem Sohne in der letzten Nacht. Der Sohn war ungefähr 14 Jahre, dachte ich. Nein er war schon 20 Jahre alt, ist aber nachts mit dem Zeh an einen Rattankorb gekommen, hat sich den Nagel der rechten kleinen Zehe ein bisschen eingerissen, und somit die Notwendigkeit gesehen, Vater zu wecken, um sich von ihm ins Krankenhaus bringen zu lassen. Vater war nicht begeistert, man konnte es ihm ansehen. Es hat noch nicht mal geblutet, konnte unser hervorragendes Personal in der Ambulanz feststellen. Pflaster drauf und Tschüss. Meine Chirurgin war natürlich irre motiviert und begeistert, als ich sie deswegen aus ihrem ersten Schlaf holte. Ich bin immer wieder entgeistert, mit welchen echten und vermeintlichen Krankheiten manche Leute zu nachtschlafender Zeit hier auftauchen. Da hat meine Familie, zu der übrigens zwei Kinder gehören, und ich eindeutig Defizite. Wie schön!

Neue Nacht, neues Spiel. Eigentlich war diese Nacht eine relativ ruhige Nacht. Es kommen ein paar Patienten bis 22.00 Uhr zum Notdienst, auch schon mal ein Sportunfall zur Notaufnahme. Aber der Ansturm hält sich in Grenzen. Es ist eben eine ganz normale ruhige Nacht. Sr. C. ist in der Ambulanz gut beschäftigt, auch mit notwendigen administrativen Tätigkeiten. Allerdings kann sie mich in ihrer vorgesehenen Pause dann doch nicht, wie vorgesehen, besuchen, weil nach Mitternacht doch einige Leute sich zu uns verirren. Um kurz nach 2.00 Uhr steht ein Pärchen mediterranen Ursprungs vor mir. Sie bringt mir schonend bei, dass ihr Begleiter sehr krank ist, Fieber hat er, Schüttelfrost kommt dazu, und außerdem geht es ihm nicht gut. Alles klar für mich, dann muss er natürlich zur Notaufnahme. Die Schwester wird informiert, ebenso die Internistin.

Die darf ich auch anrufen, sie versucht gerade einzuschlafen. Sinnloses Unterfangen.

Zehn Minuten später bringt ein Sohn seine Mutter (ca. 80 Jahre) herein. Er hat auch eine Einweisung ihrer Hausärztin dabei, und wollte eigentlich gestern schon mit Mutter und der Einweisung kommen. Mama wollte aber noch nicht. Und jetzt hat Mama Herzjagen und ein bisschen Luftnot und wollte jetzt doch ins Krankenhaus. In der Zeitnot, die anscheinend vorlag, hat Mutter es auch nicht mehr geschafft, die Zähne rein zu tun. Oder hat sie es gar nicht vergessen. Zähne können ja schon mal lästig sein. Jetzt lohnt es sich zumindest, Frau Doktor zu wecken. Die junge Begleiterin des mediterranen Schüttelfrostes tippelt in der Zwischenzeit zum Süßwarenautomaten, wird dort auf dem Handy angerufen, und läuft schnellen Schrittes zurück zur Ambulanz. Wahrscheinlich hat sich ihr sterbender Schwan gemeldet, weil die Schwester ihn bei der Blutentnahme piekt. Nach anderthalb Stunden geht sie mit ihrem sichtlich gestärkten Begleiter wieder in Richtung Auto. Der Sohn geht kurz nach den beiden auch zum Parkplatz und lässt uns seine Mutter hier. Ach, wäre sie doch schon abends gekommen. Es wäre dem Sohn sicher auch lieber gewesen.

Herr E., ein stationärer Patient, ist in dieser Nacht auch wieder unterwegs, um zu rauchen. Er hat einen leicht russischen Akzent und ist sehr nett. Er fragt, ob er auch wieder hereinkommen kann, wenn er die Zigarette geraucht hat. „Aber sicher doch." Er kann nicht so gut schlafen und erzählt mir gerne ein paar

Sätze. Eine nette Abwechslung für ihn und auch für mich. Eine Dame kommt mit ihrem Rollator und erzählt mir, dass sie gerade wach wurde, weil das Nachbarbett frisch bezogen werden musste. Ihre Zimmernachbarin war wohl kurzfristig inkontinent. Jetzt ist diese arme Frau schuld, dass die Rollatordame zum Rauchen gehen muss. Entsagungsvoll verabschiedet sie sich dann bei mir und meint, dass sie gleich bestimmt noch mal kommen würde. Rechnet sie etwa mit einer erneuten Inkontinenz?

Dabei fällt mir ein, dass ich vor vielen Jahren Heinz kennen gelernt habe. Heinz war Krebspatient, kam zur Chemotherapie immer mal wieder zu uns. Er hat das Rauchen nicht lassen können. Auch er sprach mich im Vorbeigehen ab und zu mal an. Wir unterhielten uns in der Pause zwischen zwei Zigaretten und er bot mir das „Du" an. Er wollte auch unbedingt meinen Vornamen wissen. Das „Du" habe ich gerne angenommen, denn er war ein ganz netter, älterer Herr, der auch schon mal nette Anekdoten erzählen konnte. Irgendwann habe ich ihn vermisst. Nun weiß ich ja auch nicht, was die Leute außerhalb des Krankenhauses treiben.

Nach ca. vier Jahren kam die Mutter einer gefallenen kleinen Patientin, und wollte ihre Tochter aus der Ambulanz abholen. Der Familienname der kleinen Patientin war identisch mit dem von meinem guten, alten Bekannten, dem Heinz. Ich fragte die Frau, ob sie den Heinz kennt. „Ja sicher doch. Das war mein Schwiegervater, der ist vor zwei Jahren zu Hause verstorben." Das zu hören, hat mir dann sehr

leidgetan. Aber rechnen musste ich damit, denn er hat
seine Chemotherapie ja nicht umsonst bekommen.

23 Hunde, Hämatome und mehr

Freitagabend kommt eine Frau „atemlos in der Nacht" (so kam sie mir vor) zu mir. Sie baut sich vor mir an der Theke auf, und erzählt mir also etwas außer Atem, dass ich ihr wahrscheinlich nicht helfen kann, aber sie muss es mir unbedingt erzählen. Sie hat ein Handy mit einem leeren Akku, sie weiß sich keinen Rat mehr, und sie hat doch solche Probleme mit ihrem Hund. Vielleicht hätte ich einen Rat für sie. Da habe ich zuerst mal eine Bombenausrede, denn „Ich habe doch keinen Tierarzt hier". Sie kommt nicht aus unserer Stadt, hat aber von einer jungen Frau gehört, dass in diesem Ort evtl. ein Tierarzt zur Verfügung stünde. Ob ich vielleicht mal im Internet nachsehen könnte, wo sie da jemanden finden könnte. „Wissen Sie, ich habe zwei Jack Russell Terrier im Auto, von denen einer sehr apathisch ist. Ich bin total durcheinander, und ich weiß nicht mehr, was ich tun soll. Der Hund ist doch sonst immer so aufmerksam und auch lebhaft. Das muss sich doch mal jemand ansehen." Ich versuche, der Dame zu helfen, suche im Internet nach einem Tierarzt, rufe dort an, und lande durch eine Rufumleitung bei einem Notdiensttierarzt im Nachbarort. Ich kann das Gespräch mit dem Tierarzt an die Hundebesitzerin weitergeben, und erlebe nun hautnah mit, welchen Leidensweg sie hinter sich hat. (Der Jack Russell sieht das alles wahrscheinlich viel gelassener, denn er ist ja apathisch)

Also die beiden Hunde sind miteinander verwandt, nämlich Vater und Tochter. Beide wurden heute geimpft, und seitdem ist nichts mehr wie es war. Sie selber (also Frauchen) ist auch nicht gesund, und wohnt deswegen seit zwei Jahren in einem Hotel, weil sie in ihrem Zustand nicht alleine zu Hause sein möchte. Mein erster Gedanke war dann, wer bezahlt denn so was? Ich denke doch, dass sie mit zwei Hunden nicht alleine zu Hause ist, aber das sieht sie eben anders. Nun ist der eine Hund apathisch, und sie war schon in zwei oder drei Orten auf der Suche nach einem Tierarzt. Nun bin ich netter Herr im Krankenhaus ihre letzte Rettung.

Während die Dame telefonierte, habe ich bereits Google Maps aufgerufen, um ihr die Fahrtroute auszudrucken. Wenn schon nett, dann aber richtig. Nach dem Telefonat ist sie durstig geworden, zieht sich am Getränkeautomaten eine Cola, und trinkt sie mit großen Schlucken leer. Den vorher angewählten Kaffee für 2,20 Euro verweigert der Automat. Er weigert sich auch, das Geld wieder auszuzahlen. Nachdem sie unser Krankenhaus über den grünen Klee gelobt hat, auf der Toilette fast vom Fußboden gegessen hätte, weil doch bei uns alles so sauber ist, wurden mir die 2,20 Euro von ihr als Trinkgeld geschenkt. Ich muss mir nur vom Automatenaufsteller das Geld wiederholen. Ich bin total begeistert. Begeistert bin ich sowieso, dass man als Tierliebhaber auf diesem Weg, den ich heute gewählt habe, einen Tierarztnotdienst erreichen kann. Wenn ich bei der 116117 einen Menschennotdienstarzt manchmal erfragen möchte, bin ich, je nach Nachtzeit, bis zu 20 Minuten in der Warteschleife. Da hat man als apathischer Hund schon wesentlich bessere Karten.

Um 3.00 Uhr kommt die Hundebegeisterte mit beiden Hunden vom Tierarzt zurück, war zwischendurch bei McD, und hat Hamburger, Pommes, Apfelkuchen und Kirschgetränk als kleines Dankeschön herein gebracht. Da ich um diese Uhrzeit nicht auf Hamburger und Pommes stehe, habe ich meine Reinigungskraft damit glücklich gemacht. Hoffe ich zumindest. Nach einem Lobgesang auf meine tatkräftige Hilfe ging sie noch einmal zum WC, um sich vor der längeren Rückfahrt zu entleeren. Anschließend wurde ich noch mit sämtlichen Flyern von McD versorgt und noch zugetextet, bzw. gelobhudelt. Danach ist sie draußen noch mit den Jacks Gassi gegangen. Dabei hat die Dame noch einem meiner rollstuhlfahrenden Raucher die Zeit vertrieben, und ist irgendwann mit dem Auto wieder zurück in ihre Heimat gefahren. Ach ja: Abschließend hat sie hier noch festgestellt, dass Nachtarbeiter besonders nette Menschen sind, besonders hier im Krankenhaus, das hat sie aber woanders auch schon mal gemerkt. War sie nachts schon mal hier?

An einem Montagabend um 22.30 Uhr ruft mich eine Frau per Handy an und fragt mich nach einem Termin beim Orthopäden im benachbarten Ärztehaus. Ich kenne seinen Terminkalender nicht, ich kann um diese Uhrzeit auch keine Verbindung zu ihm herstellen, ihr somit auch nicht weiterhelfen. Sie hat schon mehrmals bei ihm angerufen und bekommt niemanden ans Telefon. Sie hat Schmerzen und kann kaum noch laufen. Der Orthopäde in ihrem eigenen Wohnort ist ihr nicht mehr gut genug. Aber unser

Nachbar, der hat´s drauf. Nur der kann ihr helfen. Aber wann? Ich erfrage von der Frau den kompletten Namen, man weiß ja nie, wofür das gut ist. In unserem System kann ich feststellen, dass die Dame in unserem Krankenhaus schon mehrfach Patientin war. Sie sprach wie eine 80-jährige, war aber erst Ende 50 und vermutlich angetrunken. Ich rede ihr also gut zu, ihr Glück morgen noch einmal zu versuchen. Nach wiederholtem Hinweis auf die Praxiszeiten des Orthopäden, verspricht sie mir, morgen wieder dort anzurufen. Wie war das mit der Telefonseelsorge? Könnt ich auch!

Der nächste Anruf kommt um 23.00 Uhr, gleichzeitig mit einem Rettungswagen für die Ambulanz. Die Anruferin erzählt mir, dass sie gerade ihre Masterarbeit zu Ende schrieben hat und jetzt nicht einschlafen kann. Nun gut, durch den Nachtdienst bedingt, habe ich in meiner freien Woche auch schon mal Einschlafprobleme. Ich hätte ihr also gut zu einer warmen Milch, einem Kamillentee oder einem warmen Körnerkissen raten können. Ein nettes Buch oder ein langweiliger Film können auch Müdigkeit hervorrufen. Da ich ja in der Hinsicht nicht beratend tätig sein darf, aufgrund meines fehlenden Medizinstudiums, habe ich ihr empfohlen, doch zu uns ins Krankenhaus zu kommen, um mit unserem Internisten dieses Problem zu besprechen. Meistens erledigt sich so ein Arztbesuch, in Anbetracht der damit verbundenen Umstände, von alleine. Hat es aber nicht. Die junge Frau ca. Ende 20, steht kurz danach vor mir. Ich schaue mir ihre rot geränderten

Augen an und leite sie weiter zur Ambulanz. Nach einer Stunde Behandlungszeit, in der sicherlich auch eine therapeutische Wartezeit enthalten war, verlässt sie uns. Mit guten Ratschlägen und vielleicht einem Placebo als Schlaftablette, verbunden mit einem guten Gespräch, wer weiß das schon? Ich bekomme hier nicht immer ein Feedback.

Es gibt einfach Wartezeiten in einer Notaufnahme, denn es gibt auch fast immer gleichzeitig Patienten mit einem evtl. schlimmeren Problem, z. B. die Patientin, die kurz vor der erwähnten Nichtschläferin kam. Sie hatte Blutdruck und zur Sicherheit ihre Tochter dabei. Nun sind wir alle froh, dass wir einen Blutdruck haben, denn ohne wäre auch schlecht. Wie ich hinterher höre, ist sie auch beim Hausarzt in Behandlung, und nimmt auch eigentlich Tabletten gegen erhöhten Blutdruck, nur halt heute nicht. Man glaubt es kaum. Jetzt hat sie also gelernt, dass es Sinn macht, seine Tabletten zu nehmen, denn auch sie konnte erst nach einer Stunde wieder nach Hause. Da braucht die Dame einen Notfallarzt, der ihr beibringen muss, ihre Tabletten regelmäßig zu nehmen. Das hat der Hausarzt doch sicher auch schon glaubhaft erledigt. Nachdem also diese armen, kranken Menschen wieder zu Hause waren, kamen noch drei bis vier Rettungswagen, zum Teil sogar in Notarztbegleitung, um für einen gesunden Ausgleich mit richtig kranken Patienten zu sorgen.

Wenn man Mutter ist, fühlt man sich für sein Kind verantwortlich. Ich kenne das, denn ich bin mit einer Mutter verheiratet. Heißt also, ich bin Vater. Auch ich fühle mich für unsere Kinder verantwortlich. Nur irgendwann hört doch so ein Samaritersyndrom automatisch auf. Nicht bei jedem. Die Mutter, die mich um 21.00 Uhr anruft, ist immer noch befallen. Ihr Enkelchen hat Magen und Darm. Haben wir ja alle, nur beim Enkelchen ist Magen und Darm so aktiv, dass die Mama sich angesteckt hat. Beide Nachkommen kotzen und so weiter um die Wette. Und Mutter bzw. Oma macht sich Sorgen. Ich habe ihr geraten, mit den beiden doch zum Notdienst zu kommen. „Geht nicht" sagte sie, „die beiden wohnen in Dortmund, und ich wohne hier in der Nähe". Ihre Bitte an mich war ganz einfach formuliert: „Haben Sie nicht eine Möglichkeit, einen Arzt in Dortmund zu aktivieren?" „Nein, kann ich nicht." Ich kann ja schließlich auch nicht über Wasser laufen. Ich sagte ihr dann, dass sie die Notdienstzentrale unter 116117 anrufen sollte, um den Notdienst zu erfragen. Hat sie schon versucht, ist aber leider in einer Warteschleife gelandet, hat dann ganz lange gewartet, ohne dranzukommen. Ob ich es nicht für sie versuchen könnte, denn ich hätte doch bestimmt ganz andere Möglichkeiten. Ich sagte dann zu ihr, dass ich auch schon 20 Minuten Wartezeit hatte, weil ich in genau derselben Warteschleife stecke, wie sie. Ich habe ihr dann auf ihre Bitte aus unserem internen Telefonbuch die Telefonnummern der verschiedenen Dortmunder Krankenhäuser gegeben. Was soll ich machen? Ich hatte halt ein wenig Zeit, mein persönliches Helfersyndrom auszuleben. Dann riet ich ihr noch mal bei der 116117 anzurufen und ein bisschen mehr Geduld zu haben. Mit Hinweis auf hereinkommende Gespräche konnte ich Mutter dann wieder ihrer eigentlichen Bestimmung zuführen, nämlich sich um Tochter und Enkelchen zu kümmern.

Nach einer Stunde ruft das nächste Highlight an. Weiblich, etwas älter als ich, mit einem Hämatom am Bauch behaftet, welches sehr sichtbar ist und weh tut. Sagt sie. Seit Tagen schleppt sie es schon mit sich herum, und hätte gerne einen ärztlichen Rat. Ich sagte ihr dann, dass sie sich den Rat morgen persönlich abholen müsste. Heute nach 22.00 Uhr geht es zu uns in die Ambulanz, oder morgen früh beim Notdienst. Da wäre es morgen sicher nicht so voll, wie zur Zeit in unserer Ambulanz. Und so ein Hämatom könnte vielleicht sogar bis Montag beim Hausarzt warten. Der Hinweis hat nicht geholfen. Nach einer Stunde kam sie in Begleitung herein und outete sich mit ihrem Hämatom, Sie war dann nicht die erste in der Schlange, nein bei weitem nicht. Sie saß dann in der Warteecke neben einer weiblichen Entzündung im Intimbereich, mit zusätzlicher Blasenentzündung, einer Person mit Herzrasen und diversen anderen Kranken. Und womit? Mit Recht. So ein Hämatom tritt ja nun nicht spontan auf, genauso wenig wie das Jucken im Intimbereich. Da ist der Herzinfarkt, den uns ein Rettungswagen geliefert hat, doch etwas dringender. Der hat schon eher etwas von Spontanität, nur so der Vollständigkeit halber. Das Hämatom und auch die weibliche Entzündung werden jeweils nach zwei Stunden zurück nach Hause geschickt. Geheilt? Bestimmt!

Ach ja. Mit Mutter fing heute alles an, und mit Vater geht es weiter. Vater kommt mit seinem volljährigen Sohn mitten in der Nacht herein, erzählt mir, dass der Junge Probleme in der Blinddarmgegend hat und diese bitte untersuchen lassen möchte. Als verantwortungsbewusster Vater fährt man dann mit dem Sohne ins Krankenhaus. Bei dem vollen Wartezimmer vor der Notaufnahme schrumpfte das Bewusstsein der Verantwortung ziemlich schnell, und nach zehn Minuten nahm der Vater mit dem Sohne wieder den Weg nach draußen. So stark waren die Schmerzen nun auch wieder nicht. In Fachkreisen nennt man das spontane Selbstheilung.

Another night, another problem! Um 2.00 Uhr ruft eine der Nachtschwestern aus der inneren Abteilung an, um mir einen Patienten anzukündigen, der gegen ärztlichen Rat auf eigene Verantwortung, nach Hause will. Seine Geldbörse ist futsch und die Schwester wird von ihm deswegen angepampt. Sie kann sich wohl erfolgreich wehren, aber Herr W, verlässt die Station. Er ist immer noch angetrunken und kommt bald danach bei mir an. Er erzählt mir seine Leidensgeschichte und fragt mich nach dem Bus. „Der erste Bus kommt um 6.30 Uhr angefahren" kann ich ihm erzählen, und „Eine Taxe kann ich Ihnen rufen. Vielleicht kann Ihnen ja ein Nachbar mit Geld aushelfen?" Nein, das wollte er nicht. Ob er solange in der Halle warten dürfte. Natürlich kein Problem. Sein verlorenes Geld ist ihm eigentlich egal, aber im Portemonnaie ist auch der Haustürschlüssel. Alles weg, auch das Fahrrad. Er weiß nicht, wo es geblieben ist. Egal, das Fahrrad kann man neu kaufen. Während er das erste Schläfchen auf einem unbequemen Stuhl hält, rufe ich bei der Rettungsleitstelle an und frage, welcher Rettungswagen den Mann zu uns gebracht hat. Von dem fehlenden Geld keine Spur. Ich gebe dem Herrn bei seiner nächsten Wachheit die Telefonnummer der Rettungswache, wo er selbst nachfragen kann. Wenn er schon besoffen sein Geld verliert, soll er es auch selbst dort nachfragen. Ich werde es wohl nicht tun. Womöglich schläft die RTW-Besatzung ausnahmsweise. Da möchte ich doch lieber Rücksicht nehmen.

Nun sitzt das Schmuckstück seitdem in der Halle, und wartet darauf, dass es 5.00 Uhr wird. Dann soll ich ihn nämlich wecken, weil er dann zum Bahnhof will. Mit dem Zug will er schwarzfahren bis nach Hause. Eine eventuelle Strafe ist ihm egal. Das fehlende Fahrrad ist Ich ihm auch egal. Und zu Hause kommt er auch ohne Schlüssel herein. „Ich schlage dann einfach eine Scheibe ein" sagte er. So.

Neben dem ganzen Telefonkram habe ich noch ein Operationsteam zusammenzutrommeln. Zwischenzeitlich wankt noch ein Patient herein, der auf sein Geld aufgepasst hat. Der kommt nämlich mit einem Taxi, das er auch selbst bezahlt. Wie anständig von ihm, andere Patienten nehmen für diese Probleme einen Rettungswagen. Dem jungen, wankenden Mann geht es gar nicht gut, genauso wie der Frau, die eine Stunde später von ihrem Ehemann gebracht wurde. Schmerzen in der Brust, Probleme mit der Luft. Der Ehemann meint, das sind alles Folgen einer Erkältung. Um die Erkältung hätte sich der Hausarzt auch um 8.00 Uhr noch kümmern können. Der verdient mit solchen Tätigkeiten sein tägliches Brot. Und während der ganzen Zeit sitzt mein Schnarchhahn mittlerweile in einem gemütlichen Sessel, schläft den Schlaf eines Besoffenen, stinkt wie ein Iltis, und wird von einem meiner Raucher beobachtet, der wegen seiner Bandscheibenschmerzen nicht mehr schlafen kann. Das ist übrigens Norbert, mit dem ich auch schon manche nette Unterhaltung hatte. Sein Rücken macht ihm ziemlich zu schaffen, und das auch schon länger. Daher kennen wir uns auch schon etwas länger. Wenn er vor Schmerzen nicht mehr im Bett liegen kann, läuft er oft in der Halle und auch draußen herum. Er ist eben ein Raucher, aber er ist auch ganz sympathisch. Wir duzen uns, das sagt doch schon was aus. Meine Kolleginnen stufen ihn als Grobian ein, nur weil er eine etwas lautere Stimme hat. Dabei ist er ein ganz Netter, die laute Stimme hat er wahrscheinlich, weil er immer neben lauten Maschinen gearbeitet hat. Norbert sitzt auch ganz gerne im bequemen Sessel in der Halle und beobachtet andere Menschen. Es lohnt sich manchmal, Menschen zu beobachten. Als aufmerksamer Beobachter kann man gut von den Fehlern anderer Menschen lernen. Ab und zu lohnt es sich, die Augen aufzuhalten, er hat auch schon gemerkt, dass das Hallengewimmel manchmal sehr abwechslungsreich sein kann.

24 Das Ende der alten Zeiten

Wo? Ja, wo sind die Zeiten geblieben, als man leichte bis mittelschwere Kleinigkeiten zu Hause behandelt hat? Erkältungen, evtl. sogar eine Grippe mit Fieber, wurden in meiner Jugend zu Hause auskuriert. Ich kann mich erinnern, dass meine Brust mit Wick oder Pinimenthol eingeschmiert wurde, damit ich ruhig atmen, und demzufolge auch gut schlafen konnte. Wenn ich gut schlafe, konnte meine Mutter auch gut schlafen. Heiße Milch mit Honig musste ich trinken. Geschmeckt hat sie gut, nur die Haut, die sich beim Abkühlen der Milch bildete, habe ich gehasst. Aber ich wurde mit allen möglichen Hausmitteln behandelt, die meine Mutter von Omas und Tanten übernommen hatte. Damals gab es noch kein Spielgerät mit Namen Trampolin. Ich hatte Rollschuhe und habe mir mehr als einmal die Knie aufgeschrammt. Meine Eltern sind nicht mit mir im Krankenhaus gelandet, mir wurde (falls vorhanden) Jod auf die Wunde geschmiert und ein Pflaster drüber. Fertig! Man soll es nicht glauben, es hat geklappt. Selbst die Kopfschmerzen, die ich nach Kollision mit einem Fußfall hatte, wurden mit einem nassen Waschlappen und ein bisschen Kopfschmerzpulver (von Mama) daheim behandelt. Wenn ich mir eine Beule eingefangen habe, hat meine Mutter mir eine kalte Messerklinge dagegen ehalten. Das hat mir damals geholfen. Natürlich habe ich in meiner Jugend auch Ärzte gesehen. Meistens war es der Zahnarzt nach einer Schulkontrolluntersuchung, zu dem ich geschleppt wurde. Denn gute Zähne waren damals genauso wichtig wie heute. Man kann es kaum glauben, dass es mir gelungen ist, bis zum Rentenalter durchzukommen. Es hat mir natürlich sehr geholfen, dass ich in meinem Leben keinen Knochenbruch erlitten habe. Das hätte mir den Schnitt total versaut. Selbst als ich älter wurde, und Alkohol schon mal eine Rolle spielte, haben meine Kumpel keinen Notarzt gerufen, wenn mir schlecht wurde. Bei Unwohlsein bin ich nach Hause gelaufen, kam dann halb ernüchtert an, und konnte mich dann in Ruhe erbrechen. Bei der Karussellfahrt anschließend im Bett wurde mir nicht einmal von meiner Mutter das Händchen gehalten. Nein, im Gegenteil, am darauffolgenden Morgen wurde ich von Mutti brutal geweckt, und zur Arbeit geschickt. Da kam dann der allseits bekannte Spruch vom Saufen und Arbeiten. Hat man heute als junger Mensch zu viel Alkohol genossen, sinkt man ermattet hernieder, und besorgte Freunde rufen mindestens einen Krankenwagen, vielleicht sogar mit Notarzt. Heutzutage erbricht man am besten unter medizinischer Aufsicht.

Auch bei unseren Kindern versuchten wir so gut wie möglich, Lappalien mit vorhandenen Medikamenten, wie Fieberzäpfchen, diversen Hustensäften oder anderen Mittelchen zu erledigen. Bei aufkommendem Fieber waren Elefantenfüße auch immer sehr beliebt. Das sind nasse, kalte Wadenwickel, die zusätzlich eingepackt werden, und das Fieber manchmal auf wundersame Weise zum Sinken gebracht haben. Nur mit unserem Pseudo-Krupp-Kind waren wir nach den

Anfällen, die wir akut mit einem Zäpfchen lindern konnten, einen Tag später beim Kinderarzt. Der legte allerdings auch Wert auf einen Kontrollbesuch, nach einem solchen Anfall. Er war schließlich ein guter Arzt, der Wert auf seine kleinen Patienten legte.

In der heutigen Zeit möchte man manchmal weinen, oder zumindest laut aufschreien, wenn kleinere oder größere Patienten von ihren Eltern mit 37,5 Fieber herein gebracht werden. Auch Husten oder Schnupfen sind heute richtige schwerwiegende Krankheiten, die man als verantwortungsbewusste Eltern unbedingt vom Kinderarzt behandeln lassen muss. Nur leider haben wir hier keinen Kinderarzt und unsere Ärzte schicken manche Eltern mit ihrem Anhang weiter zu Kinderklinik. Selbst die Schürfwunden und Prellungen, die man sich heute zuziehen kann, sind um einiges schlimmer als früher. Da braucht man schon als Verstärkung einen Chirurgen oder eine Ambulanzschwester, um das Pflaster aufzukleben. Und die beiden freuen sich unbändig darauf, jede Nacht ihre Daseinsberechtigung zu erfahren. Überhaupt freut sich jede Notaufnahme über die Würdigung ihrer Arbeit, und wäre froh über jeden Patienten, der in Würdigung dieser Arbeit, seine Schürfwunden oder sonstige Banalitäten in Eigeninitiative behandeln würde. Früher gab es eine Praxisgebühr von 10 Euro, die einiges an Verwaltungsaufwand brauchte. Es war längst nicht jeder Kunde bereit, für eine Behandlung im Krankenhaus bezahlen zu müssen. Damals meinten wir allerdings, bei Diskussionen über solche Fälle, manches Mal, es müsste eine Gebühr von 50 Euro geben, um diese Banalitätskunden zum Überlegen zu bringen. Wir haben immer gesagt, wenn so ein Patient von seinem eigenen Geld diesen Betrag bezahlen müsste, würde er mit seiner Erkältung sicher lieber auf die alten, bewährten Hausmittel zurückgreifen. Selbst die Sache mit dem Anbringen eines Pflasters, wäre bei einer Schürfwunde hinzukriegen. Das Personal in den Notaufnahmen, natürlich auch in unserer, ist so oft bereit, schwerwiegend Kranke zu versorgen und zu retten. Da müssen Lappalien nicht sein.

Herstellung und Verlag:
BoD – Books on Demand, Norderstedt
ISBN: 978-3-7519-1799-5